Angelika Koerner

Sturmfluten an der Nordsee

Reportagen aus 1000 Jahren

Westholsteinische Verlagsanstalt
Boyens & Co., Heide

ISBN 3-8042-0654-9

Neuauflage 2000

Umschlaggestaltung: Günter Pump

Herstellung: Boyens Offset, Heide

Printed in Germany

Inhalt

1. KAPITEL

ZUM LETZTENMAL EISIGER SCHRECKEN?

Wenn vom Verhalten des Menschen in der Katastrophe die Rede ist, drängt sich dem Küstenbewohner sicher am intensivsten die Erinnerung an die Sturmflut des Jahres 1962 auf. Die meisten der an der Nordsee lebenden Menschen haben diese Winternacht vom 16. auf den 17. Februar miterlebt, ihre Auswirkungen zu spüren bekommen, Ängste und Unsicherheit am eigenen Leib durchlitten und sich angesichts der sie bedrohenden Urgewalt die Fragen gestellt, die ihnen ihre so deutlich spürbare Unterlegenheit gegenüber der Natur aufzwang. Doch der Mensch neigt zum Vergessen:

Das auch zeigte ganz deutlich die Sturmflutkatastrophe von 1962. In dieser entsetzlichen Nacht scharten sich die Menschen in ihren Kirchen und schickten – wie im Mittelalter – Flehgebete zum Himmel, damit sie vor dem Verderben bewahrt würden. Aber als nur ein Jahr später der Büsumer Pastor Fridberd Zarnack zu einem Dank-Gottesdienst aufrief, blieb die Kirche leer.

Dies Buch aber soll die Erinnerung wachrufen, soll die gewonnene Sicherheit des Menschen, der jetzt um die bevorstehende neue Jahrtausendwende mit all seinen technischen Errungenschaften leben darf, erschüttern durch authentische Berichte von Menschen, die heute noch unter uns leben und aus hautnah erlebter Erfahrung wissen, daß die Natur sich drohend über den Menschen erheben kann und ihn in seine Schranken weist. Einst wie jetzt.

Für mich selbst gewann diese Sturmflutkatastrophe eine ganz besondere Bedeutung, und die hat sie bis heute behalten. Ich war unmittelbar vorher von der gemäßigten Ostseeküste nach Büsum an die Nordsee gezogen und hatte tatsächlich in meinem ganzen Leben die Nordsee noch nicht gesehen. Auch in diesen Wintertagen in Büsum hatte ich nach unserem Umzug noch keine Gelegenheit gehabt, den Deich und die See zu erleben. Wir hatten ein Baby, und während mein Mann mit unseren beiden älteren Kindern seine Freizeit am Seedeich verbrachte, um ihnen ihre neue Heimat mit Ebbe und Flut vertraut zu machen, blieb ich mit dem Neugeborenen lieber zu Hause.

So war es auch am frühen Mittag des 16. Februar.

Mein Mann ging mit Gabriele und Michael in Richtung Deich. Ich sah ihnen aus dem Fenster nach, wie sie sich durch die Sturmböen kämpften. Es war die Zeit des Niedrigwassers. Hochwasser war erst für 0.33 Uhr angesagt. Als mein Mann mit den Kindern vom Deich zurückkam, rief Gabriele mir aufgeregt entgegen: „Solche Flut wie diese Ebbe habe ich noch nicht gesehen."

Was hatte das Kind gesehen?

Das Wasser war mit dem Ebbstrom nicht zurückgegangen. Mit riesigen Gischtkronen warf sich das Meer gegen die Steindossierung und überspülte die gesamte Promenade. Mein Mann war fasziniert. Die Kinder waren erregt, aber wohlgemut. Keiner von uns ahnte etwas von dem, was uns in der Nacht bevorstehen sollte.

Mein Mann gab mir eine lebhafte Schilderung von der nicht mehr zu bändigenden Nordsee. Und ich sehnte mich richtig danach, sie so zu erleben. Ich mußte einfach hinaus. Und dann stand ich am Deich – mutterseelenallein – und sah das aufgewühlte Wasser über die Promenade tosen und nach dem Deich greifen. Es war einzigartig.

Wie Gabriele gesagt hatte: Der Ebbstrom zeigte sich als tobende Flut. Die Elemente gaben einfach nicht Raum für einen Spannungsabfall. Das Meer, das eigentlich doch zurückweichen sollte, peitschte sich wie entfesselt aus seinem vorgezeichneten Areal und schleuderte sich weit hinaus über die Steinkante, die die Menschen ihm als Schranke gesetzt hatten.

Unvermutet fiel ein Sonnenstrahl durch die Wolken, und ich sah ihn in der Gischtkrone einer sich brechenden Welle verschwinden. Ganz kurz erschien die Sonne als kahler Fleck im Grau des Himmels, aber dann war eine Regenbö plötzlich wetterbeherrschend. Die Wolkenwand schien zu platzen und schüttete das Wasser hinab, verhüllte die Ferne und verschluckte den Horizont. Deckte den Strand mit einem wattigen Schleier zu und überschüttete alles mit gleichfarbigem Grau. Schräg schlug der Sturm von Nordwesten auf die Schaumkronen des Wassers und ließ sie dahinfegen.

Wie naß ich bei diesem Regen-Intermezzo geworden war, merkte ich kaum. Ich war überwältigt – von dieser Szenerie völlig in den Bann geschlagen, irgendwie sogar beglückt durch dieses gewaltige Naturschauspiel und für den Augenblick ganz außerstande, das Erlebte in einen Zusammenhang mit unmittelbarer Gefahr zu bringen.

Wieder zu Hause angelangt, sprach ich mit den Kindern nur über das großartige, wilde Meer. Ernüchternd wirkte dabei nur, daß der tobende Sturm uns immer wieder das Licht ausblies oder, realistischer gesagt, das Stromnetz beschädigte.

Erst spät am Abend, als die Kinder endlich schliefen, machten mein Mann und ich uns mit zwei Bekannten erneut auf den Weg zum Deich.

Auf der Straße zum Strand lagen schon etliche Ziegel, von den Dächern gerissen, zerschmettert am Boden. Zweige und Äste wirbelten wie Papierschlangen durch die Luft, und es war ein Getöse als sollte in einem Horrorfilm Untergangsstimmung erzeugt werden.

Und dann sahen wir das Meer über den Deich auf uns zukommen ... Schon bevor wir den Deichaufgang erreicht hatten, zeigte sich uns die Flut, wie sie tatsächlich ihren Weg über die Deichkrone schlug und auf der Landseite mit leckenden Zungen hinunterlief. Das hatte keiner von uns bisher auch nur im Traum für möglich gehalten. Oben auf dem Deich angekommen, spülte das Wasser um unsere Füße. Jetzt waren wir entsetzt. In der Ferne sahen wir, wie die Wogenberge sich dunkel aufbauten, sich zu einem schwarzgrauen Kamm türmten, der sich auf seiner Höhe brach, um in grauweißer Brandung gegen den Deich zu gischten. Von dort aus wälzten die Wogen sich ins Meer zurück, doch wie in festem Entschluß, alles mitzunehmen, was nicht wirklich solid und in sich ruhend solchen Gewalten trotzen konnte.

Maritimes Inferno ...

In diesem Augenblick passierte die Sache mit dem Hund. Natürlich waren wir in dieser Unwetternacht nicht allein am Deich. Überall sah man dunkle Gestalten vor dem Hintergrund des Wasserinfernos.

Ganz in meiner Nähe hatte ich einen Mann entdeckt mit einem jungen Münsterländer, der an seiner Leine zog und zerrte und in den schäumenden Wogenausläufern ganz nasse Beine bekam. Unangenehm schien es ihm nicht zu sein. Plötzlich hatte er sich von der Leine losgerissen. Ich sah ihn auf die Wassermassen zustürzen – im Sturm mehr taumelnd als laufend –, und dann war er verschwunden. Der gellende Schrei des Mannes, der eben noch den Hund an der Leine gehalten hatte, ging unter im brüllenden Sturm, der wie im aggressiven Dialog mit den klatschenden Wassern gerade wieder zum Crescendo ausholte.

Den Hund hatte das Meer verschluckt ...

Von diesem Augenblick an erfüllten mich Trauer und Angst. Ich hatte erlebt, wie eine arglose Kreatur, ein liebenswerter kleiner Hund, der Naturgewalt zum Opfer fiel. Und plötzlich packte mich zu der natürlichen Betroffenheit auch noch eisiges Grauen. Durch das Inferno um mich herum geriet auch meine Phantasie auf ungewohnte und ungezügelte Bahn. Wenn nun der Hundebesitzer den zerrenden Hund absichtlich losgelassen hatte, um einem tief verwurzelten Aberglauben gerecht zu werden und Genüge zu tun? Damit das wütende Meer etwas „Lebiges" bekam?

In der Schule hatten wir Theodor Storms „Schimmelreiter" nach vielen Seiten hin interpretiert und fassungslos vom Aberglauben der Küstenbewohner gehört, die meinten, ein Sühneopfer in Gestalt einer lebenden Kreatur könne das Meer besänftigen. Niemand vermag zu sagen, was zwischen dem Mann und seinem Hund wirklich geschah. Mir blieb das Grübeln und die eigene Erfahrung, wie das entfesselte Meer die Phantasie der Menschen in Extreme abgleiten lassen kann.

Für den Augenblick riß mein Mann mich heraus aus meinen beklemmenden Fragen. Er hatte das alles offenbar gar nicht mitbekommen. Er stand mit unseren Bekannten etwas abseits und rief mir zu: „Siehst du dort mitten im Wasser das kleine Gebäude?"

Es sah tatsächlich aus, als ob mitten im Wasser ein kleines Haus schwamm, geschüttelt von Wellenkämmen, die es im nächsten Augenblick zu verschlingen oder zu zerbrechen drohten.

Aber es hielt stand. Ich staunte zu dem schwimmenden Häuschen hinüber. „Ja", sagte mein Mann, „das ist der Musikpavillon. Normalerweise würdest du ihn auf hohen steinernen Pfosten unten auf der Strandpromenade sehen. Jetzt sieht es nur so aus, als wenn er schwimmt, weil die Flut so hoch gestiegen ist.“ Ich konnte den Blick gar nicht abwenden von dem der Brandung trotzenden kleinen Haus.

Doch dann sahen wir auf die Landseite hinunter und mußten feststellen, wie immer mehr Wasser mit großen leckenden Zungen über die Deichkrone fuhr und zum Land hin bis in den „Vorfluter“ hineinschwappte. Und noch längst nicht war Hochflut.

Bevor wir uns zum Gehen wandten, schickte ich noch einen Blick durchs Dunkel zum Musikpavillon. Aber dort, wo ich das kleine Gebäude wähnte, war es nicht mehr zu sehen. Ich glaubte, mir den Platz nicht richtig gemerkt zu haben, und fragte meinen Mann. Aber ich hatte schon recht gehabt. Auch er konnte nichts mehr entdecken. Wir gingen in Richtung Liegehalle, wo der Musikpavillon stand.

Er war nicht mehr da. Auch ihn hatte die Flut verschluckt. In diesem Augenblick spülten kleine weiße Stücke um meine Gummistiefel. „Das sind ja Klaviertasten!“ rief mein Mann, „ich wette, sie stammen vom Flügel im Musikpavillon.“ Daß er die Wette gewonnen hätte, zeigte sich am nächsten Tag, als bis zum Ostdeich hin Klaviertasten gefunden wurden.

Aber vor diesem nächsten Tag lag die Nacht – die Nacht, in der der Sturm gerade noch rechtzeitig drehte und so verhinderte, daß bei uns in Büsum der Deich brach. Es hätte sich nur noch um Minuten gehandelt. Aber das wußten wir alles nicht, als wir uns schließlich doch für ein paar Stunden zum Schlafen legten.

Zu frühester Morgenstunde wurden wir durch Lautsprecherwagen geweckt und zur dringenden Evakuierung aufgefordert, weil niemand wußte, was die nächste Flut bringen würde. Wir waren an jenem Vormittag fünf von 6000 Menschen, die von der Küste ins Innere des Landes evakuiert wurden.

Als wir zurück durften, führte uns unser erster Weg zum Deich. Wir waren entsetzt, als wir sahen, auf welchem Boden wir in jener Nacht gestanden hatten: zerwühlt, zerfressen, an manchen Stellen auf der Deichkrone bis auf Zentimeter nur von der Flut fortgespült. Und mich folterte der grauenvolle Gedanke: Auf was für unsolidem, schon fast zerbrochenem Fundament hatten wir gestanden! Wo der Mensch Sicherheit wähnt, kann schon alles unterminiert und für sein Verderben vorbereitet sein.

Seit jenem Tag ist in mir eine Unsicherheit zurückgeblieben, die mich Naturgeschehen mit anderen Augen erleben läßt. Meinen beiden ältesten Kindern geht es genauso. Und unser damals Neugeborenes, dem wir, als es größer geworden war, natürlich immer wieder davon erzählten, sagte angstvoll bei jedem Sturm: „Ich möchte evakuiert werden."

Ein kindlicher Wunsch . . . Denn wohin können wir ernsthaft schon ausweichen? Ein paar Kilometer weit in eine städtische Turnhalle, unter ein Kirchendach oder zu wohlmeinenden Verwandten – so wie damals. Aber entscheidend und aufs Universum bezogen, können wir nicht „evakuiert" werden. Wir müssen auf unserem Planeten bleiben – einerlei, was wir aus ihm machen oder schließlich er aus uns . . .

Und mit dieser erdrückenden Wahrheit wechseln wir die Perspektive von der subjektiven Wahrnehmung des Geschehens auf die objektivere in zahlreichen Berichten. Nachrichten, Wettermeldungen, Reportagen, Berichte von Katastrophen-Einsätzen und Aufzeichnungen des Dezernats für Gewässerkunde an der Westküste geben hinreichend Aufschlüsse. Ganz Nordeuropa wurde in jener Nacht von der bis dahin größten Sturmflut des Jahrhunderts heimgesucht. Allerdingst waren 1953 in Holland ca. 2000 Menschen ertrunken, doch zum erstenmal seit jener denkwürdigen Flut im

Jahre 1936, die auch auf den 16. Februar fiel, wurde an der Küste Schleswig-Holsteins Katastrophenalarm ausgelöst.

Was war geschehen?

Bei Island hatte sich ein Sturmtief zusammengebraut, das sich in Richtung auf die deutsche Nordseeküste in Bewegung setzte. Am Nachmittag des 16. Februar spürte man, daß hier keiner der sonst üblichen Stürme die Nordsee aufwühlte, denn das Wasser wich bei Ebbe nicht zurück. Trotzdem hatte es nicht den Anschein, als ob eine besondere Gefahr bestünde. Nichts deutete – außer das Heulen des sich zum Orkan steigernden Sturms – darauf hin, daß Millionen von Menschen ausgerechnet diese Nacht nie vergessen würden. Die Radioberichte über den zunehmenden Sturm waren dürftig. Genauere Angaben beschränkten sich auf die Wettermeldungen. Aber wer hörte sie schon regelmäßig?

Erst gegen 23 Uhr zeichnete sich die drohende Gefahr deutlich ab. In den Landratsämtern, in den Marschenbauämtern und Deichämtern, ja, auf den Deichen selbst sammelten sich die von Amts wegen wachsamen Männer. Aber auch sie ahnten noch nicht, in welchem Ausmaß die Katastrophe hereinbrechen würde.

In dieser Nacht verloren Tausende von Menschen ihr gesamtes Hab und Gut. In Hamburg ertranken 315 Menschen. Nur durch ungewöhnliches Glück konnten sich an der Dithmarscher und der nordfriesischen Küste alle Menschen retten, aber Hunderte von Tieren kamen in den Fluten um.

In den Kreisstädten Heide und Husum war gegen 23 Uhr Katastrophenalarm ausgelöst worden. Kurz darauf gab das Bundesverteidigungsministerium für sämtliche Truppen des Wehrbereichs I ebenfalls Katastrophenalarm. In rasender Eile begannen die Soldaten, ihre Lastkraftwagen mit dem notwendigsten Material zu beladen, um sich sofort in Marsch zu setzen. Der spätere Bundeskanzler Helmut Schmidt, damals Hamburger Innensenator, erhielt in dieser Nacht den Beinamen „der Krisenmanager".

Am schlimmsten betroffen war tatsächlich die Stadt Hamburg. Die gesamte Innenstadt stand unter Wasser bis hin zu den Rathaustüren. Besonders schwer in Mitleidenschaft gezogen blieb der Ortsteil Wilhelmsburg, der in jenen Tagen in aller Munde war. Die zum Teil nur sehr leicht gebauten Häuser brachen reihenweise zusammen. Rund 70 000 Menschen wurden obdachlos. In Schrebergärtenkolonien lagen die Toten auf den Dächern ihrer Häuser, auf die sie sich hatten retten wollen. Weitere Leichen trieben im Wasser – ein Bild der Vernichtung . . .

Ein Bild der Vernichtung zeigte sich auch an der Nordseeküste, wenn auch keine Toten zu beklagen waren. Das verdankte man dem Wunder, auf das man an den Deichen gehofft hatte. Als habe die Natur ein Einsehen mit den angstvollen Menschen und ihren gepeinigten Deichen gehabt, ließ sie die Flut kentern. Wer es auf dem Deich beobachtete, muß seinen Augen nicht getraut haben. Etwa eine Stunde vor dem zu erwartenden höchsten Flutstand begann der Sturm merklich abzuflauen. Die Schlacht schien geschlagen zu sein. Aber sie hatte unermeßliche Verluste gebracht. Die Sturmflutschäden zeigten sich um so gravierender, je mehr man von Norden nach Süden kam. In Westerland war das Hochwasser zum Beispiel noch um 60 Zentimeter unter dem vorausberechneten Stand geblieben, während der scharfe Nordweststurm bei Brunsbüttelkoog die Berechnungen noch übertraf. Kein Wunder also, daß an der deutschen Küste von Eiderstedt abwärts schwere Schäden entstanden, während die dänischen Deiche alle hielten.

Das Stromverbundnetz war in dieser Nacht bis hinauf zur dänischen Grenze ausgefallen und konnte nur schwer repariert werden. Millionen von Menschen, die auf den

Strom angewiesen waren, blieben in ihren kalten Wohnungen. In den Kühlschränken tauten dafür die Nahrungsmittel und verdarben.

Auf den Halligen ergab sich ein weiteres großes Problem: Die Fethinge, in denen Regenwasser als Trinkwasser aufgefangen wird, liefen während der Nachtstunden voll Salzwasser. Das Vieh brüllte in den Ställen vor Durst, bis Hubschrauber und Schiffe Trinkwasser vom Festland brachten.

Auch die Insel Helgoland – gerade erst wieder von den Zerstörungen des Krieges genesen – mußte schwere Schäden hinnehmen. Ein erheblicher Teil der Badedüne wurde einfach fortgespült, und die für Feriengäste errichteten Hütten Zeltstadt wurden zerstört. Aber hier waren jedenfalls die Bewohner nicht in Gefahr geraten wie auf den Halligen. Dort waren von manchen Warften nur noch Mauerreste zu sehen, an denen sich die Menschen festklammern konnten, als eine Welle ihnen ihren Besitz wegriß.

In stehengebliebenen Wohnungen trieben die Möbelstücke unter der Decke. Manche hatten all ihre Bekleidungsstücke verloren, weil die Brecher, die in die Häuser schlugen, die Kleiderschränke zerbrochen und weggeschwemmt hatten. Außerdem trieb das Meer Schlick und die Jauche aus den Stallungen in die Wohnräume hinein, so daß die Halligbewohner tagelang mit Schiebkarren den Schmutz forträumen mußten. Kranke wurden unter Schock mit Hubschraubern aufs Festland gebracht und in Krankenhäusern versorgt.

Dort hatte sich das Leben allmählich wieder normalisiert. Die Schäden wurden repariert. In Büsum, das Hauptangriffspunkt der rasenden Flut gewesen war, brauchte man rund 25 000 Sandsäcke und unübersehbare Mengen an Pfähle, Reisig, Heidekraut, Draht und Strohballen, um den Deich an den verwüsteten Stellen zu flicken. Der Orkan mit

Geschwindigkeiten bis zu 130 Stundenkilometern hatte ein übriges getan. Vom zerstörten Musikpavillon wurden vier kleine Bretter auf dem Tennisplatz gefunden. Alles andere – außer den gefundenen Klaviertasten – hatte das entfesselte Element verschluckt.

Auch die Stadt Husum hatte Schaden gelitten. Hier brach der Deich etwa 200 Meter westlich von der neuen Seeschleuse, und die Wassermassen konnten ungehindert in einer Breite von 50 Metern in den Dockkoog stürzen. Dort stand ein Holzschuppen, der weidenden Schafen Schutz bieten sollte. Alle Tiere, die sich dort erschreckt gesammelt hatten, ertranken in dieser Nacht.

Während die Seedeiche letztlich doch gehalten hatten, brachen mehr als zwölf Koogdeiche. 15 Köge an der Küste und auf der Insel Nordstrand wurden geräumt.

Kann uns nicht eisiger Schrecken erfassen, wenn wir bedenken, daß dies alles in unseren Tagen geschah? Daß noch in unserer Zeit sich Menschen fast unbekleidet in einer Winternacht aus ihren Betten auf die Dächer ihrer Häuser zu retten versuchten. Daß Tausende von Tieren ertranken in nicht zu bändigenden Wassermassen? Das ist nicht Mittelalter. Das ist unsere Realität. Und alle, die sie miterlebt haben, sind geblieben oder zurückgekehrt und leben ruhig hinter den neuen Deichen und denken kaum mehr an die Katastrophe.

Woher nahmen wir die Zuversicht, daß dies der letzte eisige Schrecken gewesen sei? Bereits am 3. 1. 1976 überrollte eine neue Sturmflut Teile der Westküste.

2. KAPITEL

ERSTE BESIEDLUNG AN DER KÜSTE

Ein Urlauber sagte angesichts der Verwüstungen 1962 so laut, daß es jeder in seiner Nähe verstehen konnte: „Dies Land ist doch für menschliche Besiedlung völlig ungeeignet. Ich verstehe nicht, wie man hier jahraus, jahrein leben kann." Immerhin leben hier Menschen seit über 2000 Jahren.

Wenn wir etwas über die Bewohner der Nordseeküste um die Zeitenwende erfahren wollen, können wir nicht auf eigene Berichte von ihnen zurückgreifen. Es waren Fremde, die sie mit mehr oder minder viel Objektivität zu beschreiben trachteten.

Wenn es um das Leben der Germanen geht, wird zumeist Tacitus zitiert, der vor zwei Jahrtausenden den wertvollsten überlieferten Bericht über Germanien mit seinem Werk „De origine et situ Germanorum" verfaßte. Aber er soll an dieser Stelle nicht zu Wort kommen, weil sich seine Beschreibungen auf die Germanen schlechthin bezogen. Der – vielleicht beabsichtigte – Fehler des Dithmarscher Chronisten Neocorus, der das Wort „Germanen" schlicht mit „Dithmarscher" übersetzte, soll an dieser Stelle nicht wiederholt werden.

Also wird hier Plinius zitiert, der als Schriftsteller und Flottenkommandant weit in der Welt herumkam und im Jahre 47 n. Chr. ein sehr zutreffendes Bild der Nordseeküste und ihrer Bewohner abgab. Er schreibt: „Hier überflutet der Ozean zweimal binnen Tag und Nacht in ausgebreiteter Flut einen unermeßlichen Landstrich und verursacht einen ewigen Streit in der Natur, so daß man nicht weiß, ob diese Gegend zum festen Lande oder zum Meer gehört. Ein armseliges Volk wohnt dort auf hohen Hügeln oder mit Händen gemachten Erdhaufen, welche die höchste ihnen bekannte Flut überragen. Wenn das Wasser die umliegende Gegend bedeckt, sehen die Leute in ihren auf den Hügeln errichteten Häusern wie Schiffahrer aus, und wenn es sich wieder verläuft, scheinen sie Schiffbruch gelitten zu haben und machen Jagd auf Fische, welche in der Gegend ihrer Hütte mit dem Meer entfliehen wollen. Sie sind nicht so glücklich, daß sie Vieh halten können, weil hier weit und breit alles Gesträuch gleichsam vertrieben ist, so haben sie nicht einmal Gelegenheit, die wilden Tiere anzugreifen. Sie flechten Fäden aus Seegras und Sumpfbinsen, um Netze zu binden, die sie den Fischen entgegenstellen können, und sie trocknen mit Händen geformten Kot mehr im Winde als in der Sonne. Regenwasser, das sie vor ihren Wohnungen in Gruben aufbewahren, ist ihr einziges Getränk."

So ein jammervolles Bild zeichnet also Plinius von den ersten Menschen hier an der Nordseeküste. Aber „Pioniergeist" muß den Menschen von Anfang an innegewohnt haben, denn sobald die ersten Sümpfe und Uferkanten von den Prielen so hoch aufgeschichtet waren, daß sie bei Flut nicht ständig überschwemmt wurden, setzten sie sich Katen auf dies neue Land und versuchten, dort zu leben.

Wer heute die Marschlandschaft besucht, denkt darüber kaum nach. Auf den ersten Blick ist das Land an der Küste ein schlichtes Land. Das Auge findet wenig Widerstand, und man könnte glauben, daß man sofort alles bis ins Letzte erschaut. Aber alle Menschen, die hier gelebt haben, haben mehr gesehen: In der See wohnt die große Flut, in den Wolken der Sturm – und wie es nicht anders sein kann in so einem unheimlichen Landstrich, hinter den Deichen und in den Kögen erzählt man sich seit altersher unglaubliche Geschichten, die aus der Nähe des Todes und der Angst vor den Naturgewalten wuchsen.

Für den Menschen von damals war der Tod viel gegenwärtiger als für uns heute. Wir glauben, Mittel und Wege zu kennen, ihn fortzuschieben, aufzuhalten oder zu verdrängen. Aber unsere Vorfahren lebten unter seiner ständigen, ganz handgreiflichen Bedrohung. Und weil der Mensch über die Jahrhunderte hin all diese Dinge kannte und hinnehmen mußte, mochte es ihm nicht so entsetzlich erscheinen, hier an der Küste einer zusätzlichen Gefahr ins Auge zu sehen.

Wie kaum eine andere Gewalt, ein anderer Schrecken hat sich hier die Nordsee mit dem Tod verbunden. Heute führen wir längst die Angst vor einer Sturmflut an der ganz langen Leine und hoffen auf den beständigen Fortschritt im Deichbau. Tatsächlich gilt es als abgesichert, daß es vor 1100 noch überhaupt keinen Deichschutz gegeben haben kann. Außerdem gibt es tatsächlich nur eine einzige Quelle, die bis in die Zeit des sehr frühen Deichbaus zurückführt. Man findet sie in der sogenannten „Gesta Danorum" des dänischen Gelehrten und Geschichtsschreibers Saxo Grammaticus. Sie wurde um das Jahr 1200 geschrieben und berichtet von einem Deich, der ganz Friesland vor der See schützte. Archäologische Funde haben einen solchen durchgehenden Deichschutz allerdings nicht bestätigt. Möglicherweise kannte der Gelehrte nur einen geringen Teil dieser Küste und schloß daraus auf das Ganze.

Wir müssen also davon ausgehen, daß die Küstenbewohner mehr als 1000 Jahre keinerlei Schutz vor dem sie bedrohenden Meer kannten. Sie mögen den Sommer genossen haben und waren sicher froh über die Nahrung, die das Wasser ihnen schenkte. Aber wie mag es im Winter gewesen sein? Man kann sich vorstellen, daß die Küstenbewohner sich frostreiche Wintermonate wünschten. Dann blieb das Land begehbar, und man konnte sich gegenseitig einmal besuchen. Eisige Kälte läßt sich sicher besser ertragen als monatelange Einsamkeit.

Man weiß heute, daß die Menschen um die Zeitenwende bereits auf den Marschen Ostfrieslands und Dithmarschens Fuß gefaßt hatten, während der nördlichste Teil der Westküste wegen seiner umfangreichen Vermoorung noch etwas länger unbesiedelt blieb. Man geht davon aus, daß etwa 100 Jahre nach der Geburt Christi die ersten Siedler in Dithmarschen und im südlichen Eiderstedt zu siedeln begannen. Es ist anzunehmen – und deckt sich mit den Schilderungen des Plinius –, daß sie keinen Hochwasserschutz kannten, sondern hoch aufgeschwemmte Flächen für ihre Hütten wählten, die sie gegebenenfalls mit eigenen Händen noch höher aufzuschichten suchten. Diese natürlichen höheren Flächen lagen wegen der günstigen Sedimentationsbedingungen ganz in Küstennähe. Auch die Uferwälle von Prielen wurden genutzt.

Je länger die Siedler auf einem Platz blieben, desto besser gestaltete sich die Basis durch eine Anhäufung von Abfallmassen. Insbesondere als allmählich auch Vieh gehalten wurde, entwickelte sich der Dung im Zusammenhang mit Kleierde zu einer soliden Warft, und etwa ab 800 n. Chr. dürften überall in den weiträumigen Marschen Menschen gelebt haben, deren Lebensweise schon beachtlich den Siedlungsmöglichkeiten der heutigen Halligbewohner glich.

3. Kapitel

Vom Mut, auf Inseln und Halligen zu leben

Den Beginn der Besiedlung von Inseln, Halligen und Sänden müssen wir uns wohl so vorstellen, daß die Landbewohner von der Küste aus beobachteten, wie auf diesen Landgebilden im Wasser grüner Bewuchs sichtbar wurde. So fuhren sie auf Booten hinüber und fanden Gras zur Heugewinnung für ihr Vieh. Nicht viel später werden sie herausgefunden haben, daß es praktischer war, ganze Herden zur Sommerzeit hin zu den Inseln und Halligen zu bringen. Und da diese Transporte ganz gewiß sehr mühselig waren, entschlossen sie sich schließlich, selbst auch dort zu bleiben. Sie züchteten Schafe und fischten im Meer – vielleicht zunächst nur im Sommer. Aber es mag ihnen auch schwergefallen sein, all ihren Besitz im Winter dem wütenden Meer zu überlassen und im Frühjahr vielleicht nichts mehr von ihrer Habe wiederzufinden. Und so werden sie sich entschlossen haben zu bleiben und das ihrige dazu zu tun, das zu schützen, was ihnen gehörte, indem sie ihre Häuser auf Warften stellten.

Es müssen besondere Menschen gewesen sein, die hier leben wollten. Sie wußten um die Gefahr, aber sie spürten auch, daß nirgendwo ein größerer Himmel ist und daß nirgendwo der Horizont so unendlich als gewölbte Ferne ins menschliche Bewußtsein dringen kann wie auf einer Hallig.

Von den Halligen und ihren Menschen soll hier besonders die Rede sein. Denn Inseln gibt es auch anderswo auf der Welt. Aber den Begriff „Hallig“ gibt es tatsächlich nur an der schleswig-holsteinischen Nordseeküste. Vor vier bis fünf Jahrhunderten verstand man unter „Hallig“ das gesamte Vorland über dem mittleren Hochwasser, das bei hohen Wasserständen überflutet wurde. Heute ist eine „Hallig“ das nicht immer geschützte Eiland, das viel eher als Inseln dem „Landunter“ ausgesetzt ist. Halligen sind durchweg durch Sedimentation entstanden, und zwar auf einem einst untergegangenen Boden. Daher kann es durchaus sein, daß sie aufgestockt sind auf einem Inselsockel oder sogar einem Stück altem Geestrücken.

Über den Ursprung des Wortes „Hallig“ ist man sich nicht ganz einig. Zum einen wird es von dem Wort „hol“ gleich „niedrig“ abgeleitet, was verglichen werden könnte mit dem Namen „Holland“ gleich „Niederlande“. Im Wörterverzeichnis der nordfriesischen Sprache aber gibt es den Begriff „Halg“ oder „Hallagh“, was soviel heißt wie „uneingedeichte Marscheninsel“ oder „ein Stück Trockenland am oder im Wasser“. Zum dritten gibt es die Definition, die sich herleitet aus dem Wort „Haff“ gleich „Meer“ oder „liek“ gleich „eben“.

Viele von diesen Halligen sind schon längst vor der Jahrtausendwende wieder im Meer versunken. Wir wissen auch das von dem römischen Gelehrten Plinius, der noch von vielen Halligen mehr spricht, als sie je gefunden wurden. Aber auch in unserem Jahrtausend mußten die Halligbewohner immer wieder damit rechnen, daß ihnen das Meer den Boden unter den Füßen wegriß und auch ihr eigenes Leben in Gefahr brachte. Zwischen dem 14. und 19. Jahrhundert verschlang die Nordsee mehr als hundert Halligen.

Infolge dieser durch Jahrhunderte andauernden Landverluste wurde die Existenzbasis für die Menschen immer fragwürdiger. Aber leben wollten sie, und so kam es, daß kurz vor dem Ende des vorigen Jahrhunderts viele Menschen den

Halligen den Rücken kehrten, und es gab so manchen, der mit der Prophezeiung nicht hinter dem Rücken hielt, daß die Halligen in absehbarer Zeit unbewohnt sein würden. Eigentlich erscheint es wie ein Wunder, daß es überhaupt noch Halligen, und sogar bewohnte, gibt. Nach der verheerenden Sturmflut von 1825 war dem Staat klar geworden, daß private Initiative nicht ausreichte, um den Halligen und der Küste ausreichend Schutz zu gewähren. Er übernahm die Aufsicht über das gesamte Deichwesen an der Westküste. Trotzdem erlitten die Halligen noch immense Landverluste. In der ersten Hälfte des 19. Jahrhunderts wurden sie auf zwei Drittel ihrer Größe reduziert.

Jetzt traten engagierte Kämpfer, wie zum Beispiel der Sachse Eugen Träger, auf den Plan. Von schwer besorgten Bürgern bekam die preußische Verwaltung gut durchdachte Pläne entwickelt, und nach exakten Voruntersuchungen und der Einsicht, daß Halligboden nur allzu rasch dem Verlust anheimgegeben ist, bewilligte der Landtag im Jahre 1896 die Summe von 1,32 Millionen Mark. Mit Hilfe dieses Geldes wurden auch die Verbindungsdämme zwischen den Halligen Oland, Nordstrandischmoor und der Insel Nordstrand mit dem Festland finanziert. Die Halligen Oland und Langeneß und auch Gröde–Appelland wurden miteinander verbunden. Die Arbeit erfuhr große Unterbrechungen durch die zwei Weltkriege, so daß bis zur letzten schützenden Granitböschung immer wieder wertvolles Halligland verlorenging. Alles in allem verging also fast ein Jahrhundert von der Planung, die Halligen zu schützen, bis zur Fertigstellung der Maßnahmen und damit der Bannung der großen Gefahr. Nach einer unendlichen Notzeit, nachdem jeder Halligbewohner in jedem Winter der Vernichtung durch das Meer zusammen mit Haus und Hof und Vieh preisgegeben war, konnte man aufatmen.

Aber werfen wir noch einmal einen Blick ins Mittelalter zurück, als die Menschen auf den Halligen praktisch schutzlos dem Meer ausgeliefert waren. Etwas mehr als nur Mut und Liebe zum Wasser muß es schon gegeben haben, das die Bewohner herbrachte und hielt. Noch jetzt erkennbare Veränderungen im Watt geben genugsam Aufschlüsse über die Situation jener Zeit. Die dort gefundenen streifenförmigen Bodenstrukturen sind Überbleibsel von mittelalterlicher Salzgewinnung. Und Salz war seinerzeit kostbarer als Geld.

Es wurde auf den Halligen aus dem Salztorfboden gewonnen, der aus den versunkenen bronzezeitlichen Wäldern im Zusammenschmelz mit dem Meer entstanden war. Zu dieser Zeit existierten die Salzgärten der französischen Küste noch nicht. Und das Salinensalz aus Lüneburg fand zunächst weder bei der deutschen Hanse noch im Baltikum oder in Skandinavien soviel Anerkennung wie gerade das Friesensalz. Daß es überhaupt gefunden wurde, verdankt man mehr oder weniger einem Zufall. Torf gestochen wurde ursprünglich mit dem Ziel, Brennmaterial zu gewinnen, denn auf den Halligen gab es so gut wie keinen Baumwuchs und daher auch kein Brennholz.

Irgendwann im 10. Jahrhundert unserer Zeitrechnung soll dann ein sehr cleverer Friese herausgefunden haben, daß sich aus dem Torf auch Salz gewinnen ließ. Salzen aber – so wußte man es auch damals schon – bedeutete, verderbliche Waren länger haltbar zu machen. Was auf den Halligen gehandelt wurde, war der leicht verderbliche Fisch. Man schlug also mit der Salzgewinnung gleich zwei Fliegen mit einer Klappe: Ein ganz neuer Erwerbszweig war entdeckt, und die Fischerei erlangte eine ganz neue und sehr viel größere Bedeutung als bisher. Saxo Grammaticus, der schon genannte dänische Schriftgelehrte, erwähnt den Salzabbau in Friesland 1180 folgendermaßen: „Aus getrocknetem Torf wird Salz gekocht.“ Leider hat dieser kluge Mann, der von 1150 bis 1220 lebte und die berühmte „Historica Danica“, eine Zusammenstellung nordischer Heldensagen nach Art der „Edda“ schrieb, uns nichts Genaueres über den Abtrag von friesischem Salz geliefert. So weiß man also keine Einzelheiten aus früherer Zeit, aber wie es im 16. Jahrhundert etwa damit stand, ist genau bekannt. Diese Art der Salzgewinnung wurde an der nordfriesischen Küste kreiert.

Dieses „weiße Gold der Watten“, wie es genannt wurde, obwohl es von der Farbe her tatsächlich grau war, konnte nur auf sehr komplizierte Weise gewonnen werden. Denn das Salz war weder als Lösung noch etwa aus Kristall gegeben. Es mußte mühselig aus dem Ausgangsprodukt, dem Torf der Halligen, gewonnen werden. Durch tiefeingeschnittene Gezeitenrinnen war der Torf der Bronzezeit in ständigem Kontakt zum Meerwasser gewesen, so daß er voll mit Salz angereichert war. Um aber an die ein bis zwei Meter dicke Torfschicht zu gelangen, mußte erst einmal der darüberliegende Boden abgetragen werden. Erst dann wurde der begehrte Salztorf greifbar und konnte auf Karren oder in Booten zur Salzwarf gebracht werden, wo er zuerst getrocknet und dann verbrannt wurde. Die Asche wurde ausgelaugt und die Lauge wieder eingedampft, und der Rest war dann Meersalz; zum größten Teil Kochsalz, zum geringeren Magnesiumsalz. Und beides zusammen ergab das beliebte „friesische Salz“, das die Friesen durch Jahrhunderte wohlhabend machte.

Die Besitzrechte ergaben sich mehr oder minder zufällig. Wer im Watt bei Ebbe eine torfige Stelle entdeckte, konnte mit einer Bake seinen „Claim“ abstecken. Sonst war es Glücksache, ob man auf seinem eigenen Grund und Boden fündig wurde und in welchem Maße.

Daß durch diese Art der Salzgewinnung die Halligen in ihrer Existenz gefährdet waren, weil die gewaltigen Flächen der Salzabbauschollen dem Meer großartige Angriffsflächen boten, leuchtet heute jedem ein. Damals waren es nur wenige, die die Gefahr erkannten und einschritten. Kaiser Karl V. erließ 1515 ein striktes Verbot, weiterhin nach Salz zu graben. Aber das nahmen die Friesen nicht ernst. Und so mußten sie oft genug erleben, wie das Meer ihnen den Boden unter den Füßen fortriß.

Wie man der legendären Stadt Vineta nachsagt, sie sei wegen der Habgier ihrer Bewohner und zur Strafe für ihren durch Reichtum entstandenen Hochmut untergegangen, so könnte man das nach den eben geschilderten Erkenntnissen auch für manche Halligen sagen. Aus Gewinnsucht wurde soviel Salz in Soden aus dem kargen Halligboden gestochen, daß er – wie zerlöchert – dem Wasser nichts mehr entgegenzusetzen hatte.

Vornehmlich wird es aber im Fall der Halligbewohner echte Sorge ums Dasein gewesen sein, die sie – allen Konsequenzen zum Trotz – solchen Raubbau an ihrem eigenen Land treiben ließ. Sie waren der Meinung, ohne das Salz wäre ihre Existenz ungesichert.

Heute berühren uns weniger die damals erzielten Gewinne aus dem Salzhandel als vielmehr die gravierenden Spuren in der Landschaft. Vieles hat sich im Laufe der Jahrhunderte geändert. Aber das Wesentliche bleibt. Aus einem zerfurchten Salzgrasteppich kann keine Macht der Welt eine saftige Festlandwiese machen, und kein Pflug darf je den Halligboden durchziehen. Ebbe und Flut sind die unausweichlichen Partner der Halligbewohner, und sie wissen, daß sie kräftemäßig der Natur unterlegen sind. Nie läßt sich die Nordsee zähmen. Sie kommt und geht und bleibt im Grunde unberechenbar.

4. Kapitel

Sage und Wirklichkeit um versunkene Städte

Zu einer Zeit, die noch jenseits unseres Jahrtausends liegt, war es der Ostsee-Raum, der Anspruch darauf erhob, Vineta einst gehabt und dann verloren zu haben. Heute hat die Nordsee ihr Rungholt – und mit sehr viel realem Hintergrund. Nach Expertenaussagen ist die Geschichte Rungholts zwar weniger berühmt und auch sehr viel jünger, aber dafür weniger umstritten. Immerhin kennt man den Zeitpunkt, zu dem es unterging, und auch die genaue Stelle. Von Vineta dagegen weiß man fast nichts.

Dort, wo heute etwa die Hallig Südfall gelegen ist, gab es den Hafenort Rungholt, der in der „großen Mandränke" im Jahr 1362 in den Fluten versank. Aber nicht spurlos. Funde aus unseren Tagen lassen Rungholt quasi wiedererstehen und zeigen, daß das Wattenmeer mehr bietet als nur zeitweise eintönigen grauen Schlick. Wir müssen uns bewußt sein, daß wir uns dort auf ehemals festem Boden bewegen, den Menschen bewohnten, auf dem sie lebten, arbeiteten, Feste feierten und schließlich alle miteinander starben, weil das Meer kam.

Was sollte uns mit mehr Eindringlichkeit zeigen, daß nichts auf der Welt beständiger ist als der Wandel ... Und nichts im menschlichen Geist lebhafter als die Phantasie ...

Und deshalb gibt es nicht nur Funde, sondern auch eine dramatische Geschichte, die an Rungholts Untergang erinnert.

Die Darstellung dieser Sage ist seit 1666 mit geringen Abweichungen in Versform, Novelle und Erzählung abgehandelt worden. Im Kern sagt sie folgendes aus:

In Rungholt, einem bedeutenden Hafenort auf Alt-Nordstrand bei Pellworm, wo sich heute die Hallig Südfall befindet, wollten ein paar betrunkene Bauern dem Pastor einen Streich spielen. Der Wirt hatte eine gewaltige Sau, die man durch ein erhebliches Quantum von Bier so betrunken machen konnte, daß sie sich in ein Bett legen ließ und schauerlich vor sich hinstöhnte.

Nun wollten die rohen Burschen den Pastor dazu bringen, daß er der mit einer Decke zugedeckten Sau das letzte Abendmahl brächte.

Der Pastor eilte, nachdem er gerufen worden war, tatsächlich sofort zu dem vermeintlich Sterbenden. Als er entdeckte, auf welche Weise man ihn verhöhnen wollte, schalt er die Bauern Frevler und wollte die Stätte der Sünde schnell wieder verlassen. Aber da verprügelten ihn die ruppigen Bauern, gossen die Büchse, die das Heilige Sakrament enthielt, voll Bier und trichterten dem Geistlichen danach – wie vorher dem Schwein – Mengen von Alkohol ein.

Der arme Pastor, an den Menschen seiner Insel verzweifelnd, rief Gott um Strafe für sie an. Tatsächlich soll er in der darauffolgenden Nacht durch eine himmlische Botschaft aufgefordert worden sein, Rungholt zu verlassen, weil sich ein wüster Wind und hohe Wasser zusammentun würden, um die Stadt zu vernichten. Der Geistliche zog mit seiner Familie fort. Und in der folgenden Sturmnacht ging Rungholt unter.

Kurz nach dem Untergang Rungholts wurde auf den Halligen und an der Küste erzählt, daß der Meeresboden aufgerissen sei und die Stadt, so wie sie stand, verschlungen worden sei. Das ist aber natürlich nicht wahr. Es war einfach eine der ganz großen Fluten, die das Land mit allem, was darauf lebte und gebaut war, fortspülte.

Und auch von den Türmen, die in späteren Generationen bisweilen jemand durchs Meer hindurch zu sehen glaubte, und den Glocken, die durch die Wellen heraufgeklungen haben sollen, hält nichts der Realität stand. Realistische Zeugen aber sind die Spuren von überschwemmten Gräben, die überall gefunden wurden, wenn die Flut weit genug zurückwich. Verschiedene Männer haben im Laufe der Jahrhunderte weder Mühen noch Kosten gescheut, um das Geheimnis mit Hilfe konkreter Funde zu lüften. Und sie haben viel dabei erreicht. Volkstümlich jedoch wurde der Untergang Rungholts erst durch das Gedicht, das der schleswig-holsteinische Dichter Detlev von Liliencron im Jahre 1882 – also 520 Jahre nach dem Untergang – unter der Überschrift „Trutz Blanke Hans“ schrieb:

Trutz Blanke Hans

Heut bin ich über Rungholt gefahren.
Die Stadt ging unter vor sechshundert Jahren.
Noch schlagen die Wellen da wild und empört,
wie damals, als sie die Marschen zerstört.
Die Maschine des Dampfers schütterte, stöhnte,
aus den Wassern rief es unheimlich und höhnte:
Trotz, Blanke Hans.

Von der Nordsee, der Mordsee, vom Festland geschieden
liegen die friesischen Inseln in Frieden.
Und Zeugen weltenvernichtender Wut,
taucht Hallig auf Hallig aus fliehender Flut.
Die Möwe zankt schon auf wachsenden Watten,
der Seehund sonnt sich auf sandigen Platten.
Trutz, Blanke Hans.

Mitten im Ozean schläft bis zur Stunde
ein Ungeheuer, tief auf dem Grunde.
Sein Haupt ruht dicht vor Englands Strand,
die Schwanzflosse spielt bei Brasiliens Sand.
Es zieht, sechs Stunden, den Atem nach innen
und treibt ihn, sechs Stunden, wieder von hinnen.
Trutz, Blanke Hans.

Doch einmal in jedem Jahrhundert entlassen
die Kiemen gewaltige Wassermassen.
Dann holt das Untier tiefer Atem ein
und peitscht die Wellen und schläft wieder ein.
Viel tausend Menschen im Nordland ertrinken,
viel reiche Länder und Städte versinken.
Trutz, Blanke Hans.

Rungholt ist reich und wird immer reicher,
kein Korn mehr faßt selbst der größte Speicher.
Wie zur Blütezeit im alten Rom,
staut hier täglich der Menschenstrom.
Die Sänften tragen Syrer und Mohren
mit Goldblech und Flitter in Nase und Ohren
Trutz, Blanke Hans.

Auf allen Märkten, auf allen Gassen
lärmende Leute, betrunkene Massen.
Sie ziehn am Abend hinaus auf den Deich:
Wir trotzen dir, Blanker Hans, Nordseeteich!
Und wie sie drohend die Fäuste ballen,
zieht leis aus dem Schlamm der Krake die Krallen.
Trutz, Blanke Hans.

Die Wasser ebben, die Vögel ruhen,
der liebe Gott geht auf leisen Schuhen.
Der Mond zieht am Himmel gelassen die Bahn,
belächelt der Rungholter protzigen Wahn.
Von Brasilien glänzt bis zu Norwegens Riffen
das Meer wie schlafender Stahl, der geschliffen.
Trutz, Blanke Hans.

Und überall Friede, im Meer, in den Landen.
Plötzlich wie Ruf eines Raubtiers in Banden:
Das Scheusal wälzte sich, atmete tief,
und schloß die Augen wieder und schlief.
Und rauschende schwarze, langmähnige Wogen
kommen wie rasende Rosse geflogen.
Trutz, Blanke Hans.

Ein einziger Schrei – die Stadt ist versunken,
und Hunderttausende sind ertrunken.
Wo gestern noch Lärm und lustiger Tisch,
schwamm andern Tages der stumme Fisch.
Heut bin ich über Rungholt gefahren.
Die Stadt ging unter vor sechshundert Jahren.
Trutz, Blanke Hans?

Man nimmt an, daß Liliencron die Anregung, dieses Gedicht zu schreiben, auf einer Reise mit einem Pellwormer Raddampfer erhalten hat, der seine Gäste auf einer damals üblichen Schiffsroute in der Stromrinne östlich der damaligen Pohnshallig bis in das Tief der Holmer Fähre brachte. Südlich des Tiefs lag eine Sandbank, genannt „Rungholtssand“. Wo aber dieser „Rungholtssand“ heute noch auf den Seekarten verzeichnet ist, war garantiert bis 1634 eine große Anwachsfläche mit Grasnarben, die allerdings nicht gehalten hat. Und auf diese Weise weiß man, daß Liliencron mit dem Pellwormer Raddampfer in Wirklichkeit nicht über das ehemalige Rungholt gefahren sein kann.

Interessant bleibt auch, daß Liliencron sich eine reiche mittelalterliche Stadt vorgestellt hat mit Kornspeichern am Hafen, prunkvollen Bauten, einer wuchtigen Domkirche – und vor allem mit reichgewordenen, hochmütigen und Gott lästernden Menschenmassen, während die Untersuchungsergebnisse doch eindeutig zeigen, daß man von ganz primitiven örtlichen Verhältnissen auszugehen hat.

Von den Häusern von Rungholt ist nichts stehen geblieben. Soviel weiß man, daß alles, was die Sturmflutnacht am 16. Januar 1362 nicht zerstört hatte, von den Bewohnern in benachbarten Dörfern geholt wurde zum Ausbessern ihrer eigenen niedrigen Häuser und Hütten. Massive Ziegelhäuser gab es in dieser Gegend erst seit etwa 1550.

Immerhin wurden aber im Rungholt-Gebiet insgesamt über 100 Brunnenspuren entdeckt. Da man annimmt, daß im 14. Jahrhundert jeweils mehrere Haushaltungen einen gemeinsamen Brunnen besaßen, könnte man immerhin eine Überschlagsrechnung anstellen und so auf eine ungefähre Einwohnerzahl kommen.

Man geht davon aus, daß etliche Brunnen beim Untergang Rungholts völlig zerstört wurden oder auch heute noch ungefunden unter der Hallig Südfall begraben liegen. Schätzt man also, es habe doppelt so viele Brunnen gegeben wie entdeckt sind – also 200 –, so wäre das in etwa realistisch. Setzt man auf jeden Brunnen mindestens zwei Haushaltungen und setzt deren Familienmitglieder mit vier oder fünf an, so ergibt sich im Höchstfall eine Einwohnerzahl von 2000.

Das war gewiß im 14. Jahrhundert schon eine bemerkenswerte Siedlung. Aber wie kommt der Dichter Detlev von Liliencron in seinem Gedicht auf die geradezu erschlagende

Zeile „und Hunderttausende sind ertrunken“? Nun, das ist erlaubte dichterische Freiheit. Ein Sachbuchschreiber dagegen rechnet aus und recherchiert.

Zur Recherche sei noch gesagt, daß der Name „Rungholt“ wahrscheinlich wie anderenorts auch mit „Holt“ gleich „Wald“ in Verbindung zu bringen ist. Von der dem Friesischen entnommenen Vorsilbe „Rung“ nimmt man an, daß sie verwandt sei mit dem hochdeutschen Wort „gering“. Dann würde „Rungholt“ bedeuten „geringer Wald“ oder, was noch wahrscheinlicher ist, „Wald mit sehr niedrigem Holz“.

Was bei dem Namen „Rungholt“ auffällt, ist die Tatsache, daß er sich ganz wesentlich von den übrigen Ortsnamen der Gegend unterscheidet. Manche schließen daraus auf ein weit höheres Alter gegenüber anderen Inseln und Halligen. Aber das ist archäologisch noch nicht nachgewiesen.

Zum Namen „Büsum“ kann dann an dieser Stelle auch gleich etwas gesagt werden. Denn auch der in den Fluten versunkene Inselteil „Biusne“, wie Büsum damals hieß, soll hier ja behandelt werden. In alten Zeiten lautete das Wort „Binsen“ noch vokalstärker „Biusne“. Da liegt es auf der Hand anzunehmen, daß die zunächst unbewohnte Insel von Schilf bewachsen war. Da die Leute auf dem Festland das wußten, gingen sie davon aus, daß hier Pflanzen gedeihen konnten. Und das bildete für sie eine Existenzbasis.

So war Büsum über Jahrhunderte eine Insel mit drei Dorfteilen: Norddorp, Middeldorp und Süderdorp. Zwischen diesem Untergang, der alles bis auf den Norddorp-Teil zum Opfer des Ozeans machte, und dem Untergang Rungholts gibt es einige beachtenswerte Parallelen.

Zum Beispiel gibt es auch über das versunkene Büsum ein Gedicht. Es wurde von Klaus Groth in plattdeutscher Sprache verfaßt und erzählt auf sehr eindringliche Weise, wenn auch in nüchternerer Art, als wir es über Rungholt gelesen haben, wie ein Ort tatsächlich Opfer der Naturgewalten werden kann.

Erstaunlicherweise ist es auch hier der zu bestimmten Zeiten aus dem Wasser aufragende Kirchturm, der die Phantasie des Dichters beschäftigt. Der Gedanke an eine versunkene Stadt weckt offenbar bei Menschen die Vorstellung, daß insbesondere das Gotteshaus auf dem Meeresgrund erhalten wäre – als ob Gott zwar die dort lebenden Menschen strafen, das ihm geweihte Haus aber retten wollte.

Auch der unnatürliche Tod der Menschen, die während einer Sturmflut ertranken und also statt in einer festen Ruhestätte Platz zu finden, vom Meer zu unbekannten Gründen gespült wurden, scheint die Gemüter immer wieder bewegt zu haben. Während Liliencron sie bestraft sieht für ihren Hochmut, bittet Klaus Groth in seiner letzten Zeile in hochdeutscher Sprache um Frieden für ihre Seelen.

Letztlich bleibt es gleichgültig, ob man das Unheil als Bestrafung oder ungerecht empfangenes Schicksal ansieht. Bezieht man sich aber auf diese beiden Gedichte und vergleicht, so wird deutlich, daß Liliencron eine Schuld des Menschen sucht, während in Groths Gedicht tiefe, nicht verstandene Beunruhigung zu finden ist.

Es lautet folgendermaßen (mit anschließender Übersetzung des besseren Verstehens wegen)

Ol Büsum

Ol Büsum liggt int wille Haff,
de Flot, de keem und wöhl en Graff,
de Flot, de keem und spöl un spöl,
bet se de Insel unnerwöhl.
Dor blev keen Steen, dor blev keen Pahl,
dat Water spöl dat all hendal.

Dor weer keen Beest, dor weer keen Hund,
de liggt nu all an depen Grund.
Un allens, wat da lev und lach,
dat deck de See mit depe Nach.
Mitünner in de holle Ebb
so süht man vunne Hüs de Köpp.
Denn dukt de Torn herut ut Sand,
as werr't en Finger vun en Hand.
Denn hört man sach de Klocken klingn,
denn hört man sach den Kanter singn.
Denn geiht dat lisen dör de Luft:
„Begrabt den Leib in seiner Gruft."

Alt-Büsum liegt im wilden Haff,
die Flut, sie kam und wühlte ein Grab,
die Flut sie kam und spülte und spülte,
bis sie die Insel unterwühlte.
Es blieb kein Stein, es blieb kein Pfahl,
das Wasser spülte alles hinweg.
Es war kein Vieh, es war kein Hund,
das lag nun alles auf tiefem Grund.
Und alles, was da lebte und lachte,
das deckte die See mit tiefer Nacht.
Manchesmal bei Ebbe
sieht man von den Häusern die Dächer.
Dann taucht der Turm auf aus dem Sand,
als wär's der Finger von einer Hand.
Dann hört man leise die Glocken klingen,
dann hört man leise den Kantor singen.
Dann geht es stille durch die Luft:
„Begrabt den Leib in seiner Gruft!"

Wie verhielt es sich nun in Wirklichkeit mit dem Untergang Büsums? Es gibt keine drastische Geschichte darum und auch keinen dramatischen Hintergrund. Was Klaus Groth zu seinem Gedicht veranlaßte, war die Allerheiligen-Flut von 1570. Die Katastrophe, die damals über Büsum einbrach, soll ihn an das Schicksal Vinetas erinnert und zum Schreiben dieses Gedichts getrieben haben. Bis auf den Norddorp-Teil ging die Insel unter.

Während Rungholt völlig ans Meer ging und erst heute nach unbegreiflichen Mutationen die Hallig Südfall darstellt, reagierten die überlebenden Büsumer auf erstaunliche Weise: Sie wurden landfest. Auf ihrem kleinen verbliebenen Inselteil ebenso verloren wie der letzte Matrose auf einem Wrack, erkannten die Büsumer, daß nur noch ein verzweifelter Selbstbehauptungskampf sie würde retten können. Und sie gingen darauf ein. Die Basis für ihren gigantischen Kampf lieferte ihnen die Natur selbst. Denn während verschiedene Sturmfluten schon in früherer Zeit immer wieder Inselteile fortgeschwemmt hatten, waren zwischen dem nördlichen Teil der Insel und dem Festland immer stärkere Verschlickungen beobachtet worden. Sie bildeten den Grundstock für die Idee der Büsumer, einen Verbindungsdamm zum Festland zu wagen. Der Bau gelang, aber die Küstenbewohner, die sich darüber ärgerten, daß ihnen nun der freie Zugang zum Meer versperrt war, rissen einfach ein Loch als Durchfahrt für ihre Schiffe in den so mühselig errichteten Damm.

Aber der Mut der Büsumer verfiel nicht. Und so gelang nach vielen Streitigkeiten der Bau des Wardamms 1585. Durch natürliche Anschlickungen gab es rechts und links des Damms Neuland, und als die Büsumer es eindeichten, hatten sie mit dem „Wardammskoog“ ihr Ziel erreicht: Die Insel Büsum war landfest.

Wenn von versunkenen Städten die Rede ist, denkt man weltweit sicherlich zuerst an Atlantis, das sagenhafte Inselreich, von dem als erster der griechische Philosoph Plato berichtete, und zwar schon etwa 400 Jahre vor Christi Geburt. Nach seinen Erzählungen war Atlantis eine fruchtbare Insel mit gewaltigen Gebirgen, aber auch schönen, bewohnten Siedlungen. Und das alles soll während „eines Tages und einer Nacht“ im Meer verschwunden sein. Bis heute gibt es unter den Wissenschaftlern ein großes Rätselraten um diesen Bericht, von dem Plato sagt, er habe ihn von ägyptischen Priestern übernommen, die sich auf eine alte Überlieferung stützten. Die große Frage, die schon so viele Menschen beschäftigt hat, lautet: Wenn es Atlantis gegeben hat, wo hat es dann gelegen?

Nach Platos Erzählungen lag es im Ozean „jenseits der Säulen des Herakles“, womit Gibraltar gemeint war. Vielleicht wollte Plato mit dem Wort „jenseits“ aber auch nur andeuten, daß Atlantis sehr weit entfernt gewesen sei. Jedenfalls sind manche Archäologen davon überzeugt, man müsse es vor der südwestspanischen Küste suchen. Wieder andere placieren es in den Bereich der Kanarischen Inseln. Auch der griechischen Insel Thera, die heute Santorin heißt, wurde schon nachgesagt, Überrest des Inselreichs Atlantis zu sein, nachdem ein gewaltiger Vulkanausbruch alles andere verschluckt hatte. Es gibt sogar Hinweise auf ein Atlantis in Amerika und eines in Skandinavien. Verwirrend ...

Der deutsche Pastor Jürgen Spanuth und seine Anhänger allerdings sind davon überzeugt, daß Atlantis im Raum der heutigen Insel Helgoland lag. Er führte in der Zeit von 1949 bis 1953 Unterwasserforschungen östlich von Helgoland durch und fand tatsächlich auf dem Meeresgrund Reste von Wallanlagen und auch andere regelrechte Siedlungsspuren. Sollte Atlantis wirklich so nahe vor unseren Türen gelegen haben?

5. KAPITEL

LEGENDE, ANGST UND ABERGLAUBE DER KÜSTENBEWOHNER

Die Nordsee – so erzählt die Legende – sei in Urzeiten ein ganz mildes und flaches Gewässer ohne Stürme gewesen und ohne Zugang zum großen Meer. An ihren Ufern wohnten friedliche Fischer, die keine großen Fluten kannten. Aber dann kam es zu einem Streit zwischen einer englischen Königin und einem König von Jütland, und aller Frieden an der Nordseeküste wurde zerstört. Der König hatte nämlich um seine westliche Nachbarin geworben und ihr die Ehe versprochen. Im letzten Augenblick aber entschied er sich doch für eine schöne Frau aus seinem eigenen Volk und vergaß seinen Treueschwur. Da ließ die englische Königin siebenhundert Männer sieben Jahre lang arbeiten, bis sie das Land, das England und Frankreich verband, durchstochen hatten und der Ärmelkanal entstanden war. Jetzt war der Zugang zu den Weltmeeren geschaffen, und eine grauenhafte erste Flut kam und ertränkte Tausende von Menschen mit ihren salzigen Wogen . . .

So erzählt es die Legende. Mit Vernichtung also fing es an . . . Man könnte sagen, daß der Mensch an der Küste durch eine Haß-Liebe an seine Heimat gebunden ist. Das stimmt – auch wenn es reichlich emphatisch klingen mag. Liebe und Haß, Hingabe und Kampf sind immer gleichzeitig Kriterien gewesen, wenn es um das Leben an einer ungesicherten Küste ging. Die Nordsee ist tatsächlich Freund und Feind zugleich. Sie ist Ernährerin und Zerstörerin, sie ist Geliebte und

Gegner – zum Maskulinum gemacht in der Wendung „Trutz Blanke Hans", gegen den man sich wehren muß.

Doch wie wehrt man sich? Die Antwort auf diese Frage gibt Hinweise auf die Entstehung des Aberglaubens, wie er so reich an der Küste vorhanden ist. Wo man kämpfen muß, sucht man nach Bundesgenossen. Ist der Feind nicht in realiter angreifbar, ist er gar eine wütende Naturgewalt, so gilt es, sich mit höheren, geheimnisvollen Mächten zu verbinden, mit denen man unsichtbar und übersinnlich stärker sein könnte als die Elemente.

Das beginnt ja schon mit dem ersten Schnaps, der auf einer Seefahrt oder einem Segeltörn ausgeschenkt wird. Er geht luvwärts über Bord für „Rasmus" – ein urtümliches Opfer für die Götter. Später ging es allerdings christlicher zu. Da gab es die sogenannten „Sturmgelöbnisse". Sie bedeuteten, daß der Kapitän und seine Mannschaft nach einem glücklich überstandenen Sturm gelobten, eine Wallfahrt zu ihrem Schutzheiligen anzutreten.

Seit wann es Schutzheilige in der Seefahrt und an der Küste gibt, ist nicht nachweisbar. Es muß gewesen sein, als die rauhen Gesellen zwischen Luv und Lee begannen, sich frei von allen Skrupeln nach Ersatzreligionen – kraß gesagt: nach Aberglauben – umzusehen, weil so zurechtgezimmerte Phantasmagorien eher einen Handel mit Glück zulassen. Auf dem Wasser, das bekanntlich keine Balken hat – und damit zum Unsicherheitsfaktor schlechthin wird – sucht man nach Sicherheiten, so fragwürdig sie auch sein mögen.

Die Fragwürdigkeit dieser Sturmgelöbnisse erwies sich schon dadurch, daß die meisten Kapitäne sich darauf beschränkten, einfach nur einen Mann zum Schutzheiligen zu schicken – mit einer kleinen Geldgabe, damit das Schiff gesegnet würde. Diese und andere Verfremdungen der Sturmgelöbnisse haben nach anderthalbtausend Jahren Gültigkeit dazu geführt, daß sich seit 1974 Geistliche weigern, Schiffe auf ihrer Jungfernfahrt zu segnen. Sie behaupten, daß die Fischer, Seeleute und Küstenbewohner zu den Menschen gehören, die sich am weitesten vom Christenglauben entfernt hätten. Wieweit Aberglaube dem Glauben wirklich Platz gemacht hat, ist wohl definitiv nicht zu sagen. Sicher aber ist, daß hier an der Küste dem Ersatzglauben, mit dem man sich auf einen Glückshandel einlassen kann, ein solides Fundament gezimmert wurde.

Der Klerus jedenfalls weigerte sich, die Schiffe zu segnen. Aber auch schon früher, als noch gesegnet wurde, fanden offenbar nicht alle, die auf See starben, die ewige Ruhe. Durch die Jahrhunderte hindurch erzählt man sich hier an der Küste in Spinnstuben und Fischerkneipen die Geschichten von den „Verlorenen". Da gibt es zum Beispiel die Sage von dem Nordstrander Seemann, der verwunschen war zu endloser Fahrt und nur immer dann einmal an Land gehen durfte, wenn er ein Kind vor dem Tode des Ertrinkens gerettet hatte.

Die Geschichte der Seefahrer und Küstenleute ist angefüllt mit seltsamen Geschichten. Das beginnt bei den Göttern germanischer Gefilde. Ägir, der Gott des nordischen Meeres, zeugte mit der Riesin Ran neun Töchter – die Wellenmädchen. Wie alle Undinen waren sie Elementarwesen, die erst dann eine Seele erhielten, wenn sie sich mit einem Menschen vermählten.

Erzählt wird auch von den Meermännern. Sie allerdings sahen nicht so reizvoll aus, daß eine Menschenfrau sie zum Ehemann gemocht hätte. Ihr Anblick war eher zum Fürchten. Sie lebten in Höhlen am oder im Meer und lockten mit allerhand sehr faulem Zauber die Menschen an. Kamen sie, so wurden die Männer gefressen und die Frauen in die Höhlen verschleppt. Es hieß außerdem, daß die Meermänner manchmal heimlich ein Schiff enterten. Dann bekam das Schiff Schlagseite und ging nicht selten unter.

Es existiert auch eine Sage, weshalb das Wasser der Nordsee so salzhaltig sei. Danach hat ein Fischer einem Zauberer eine Mühle gestohlen, mit der man alles mahlen konnte, was immer man wollte. Der Fischer nun nahm die Mühle mit auf See und ließ sie in seinem Schiff Salz mahlen, das er zur Verarbeitung seines Fangs zu Klippfisch dringend brauchte. Leider wußte der Mann aber die Zauberformel nicht, die die Mühle zum Stoppen brachte, und so mahlte und mahlte sie weiter, bis das Schiff sank und der Fischer ertrank und Mengen von Salz die bis zu dem Zeitpunkt süße See völlig salzig machten. Und so ist die Nordsee salzig und wird jeden zerstören, der ihr Wasser trinkt ...

Die zerstörerische Nordsee ... Nordsee – Mordsee ... Daß die Nordsee unheimliche, zerstörerische Wogen werfen konnte, war immer bekannt. Und immer galt es, Wege zu finden, sich davor zu schützen.

St. Nikolaus tritt dabei als Retter in Erscheinung. Er hatte für die Küstenbewohner des Nordens durchaus nicht nur die Bedeutung des Kinder beschenkenden Mannes mit langem weißem Bart, der die Adventszeit mit gefüllten Schuhen zu versüßen half. In früheren Jahrhunderten glaubte man von ihm, er könne bei Sturm über die Wellen schreiten, weil er schützendes Schuhwerk aus dickem Seetang trüge. Mit sicherem Arm lenkte er dann die frommen Fischer und Seeleute in den Hafen – die unfrommen ließ er ertrinken. Um zu beweisen, daß man zu den „Frommen“ gehörte, wurde oftmals eine kleine Nikolausfigur über Bord geworfen. Eine Münze tat es des geringeren Aufwands wegen letztlich auch, die über die Reling flog, damit man „goden Wind“ bekam.

Daß sich Seeleute im Sturm vor jeder neunten Woge bekreuzigt haben, ist natürlich keineswegs auf den Nikolaus des Christentums zurückzuführen, sondern hängt vielmehr zusammen mit dem schon erwähnten germanischen Meeresgott Ägir und dessen neun Töchtern. Acht von ihnen, so heißt es in den Überlieferungen, spielten nur mit Wind und Wellen. Die neunte aber mache Ernst.

An dieser Stelle sei etwas über den Begriff „Windjammer" eingefügt. Obwohl er zum gängigen Namen für stolze, alte Segelschiffe geworden ist, hat er nämlich sehr wohl etwas mit „ungodem Wind" zu tun – wie das Wort „Jammer" es ja auch schon deutlich macht. Oder zu machen scheint. Denn es gibt hier durchaus auch eine ethymologische Herleitung aus dem Englischen. „To jam" heißt „drücken" oder „pressen". Es geht also um das Schiff, das an den Wind gedrückt wird. Aber welche Deutung man auch vorziehen mag – nach einer alten Matrosenmeinung beginnen Schiffe im Sturm, unmittelbar bevor sie leckgeschlagen werden, fast menschliche Klagetöne von sich zu geben.

Das alles wußte über Jahrhunderte jeder Seemann. Und er wußte – wie jeder an der Küste – um gute und böse Vorzeichen. Da ist zum Beispiel die Sache mit den Ratten. Man muß nicht an der Küste wohnen, um den Spruch von den Ratten, die das sinkende Schiff verlassen, zu kennen. Tatsächlich wurde auf See ein derart beobachteter Ratten-Exodus als ganz böses Omen gewertet. Wahrscheinlich aber haftet diesem Fluch der Ratten gar keine unheimliche prophetische Bedeutung an. Ratten sind sehr kluge Tiere, und wenn sie merkten, daß ein Schiff bereits Wasser geschluckt hatte, so gingen sie lieber. Ein Schiff mit einem Leck aber ist häufig dem Untergang ausgesetzt. Ging es nun wirklich unter, hatten die Ratten das Omen gesetzt.

Alle Küstenbewohner und Seeleute achten in besonderer Weise auf gute und böse Vorzeichen. Sonst würden sie sich vorkommen, als forderten sie ihr Schicksal heraus und ließen es am nötigen Selbstschutz fehlen. So würde zum Beispiel kein Matrose von Land gehen, wenn er nicht wüßte, daß sein Seesack bereits an Bord ist. Der Aberglaube sagt, daß zumindest das Gepäck bei der folgenden Seereise über Bord geht, wenn der Seemann schon das Schiff betritt, während der Seesack noch an Land ist.

Nach einem anderen alten Brauch läßt sich der Kapitän oder Fischer auch kaltes Seewasser über den Rücken gießen, wenn das Schiff die Leinen losmacht. Damit hat man über Bord kommende Seen bereits vorweggenommen und ist gefeit. Ein Seemann, der bei seiner Einschiffung niesen muß, tut das immer nach Steuerbord. Nach Backbord geniest, zieht schwere Stürme an. Und daß er nicht mit dem linken Fuß zuerst an Bord steigt, versteht sich von selbst.

Sturm und Wind spielen die tragenden Rollen an Bord eines Schiffes. Daraus ergibt sich so mancher Aberglaube. So ist es verboten, am Ruder zu pfeifen. Es zieht schlechtes Wetter heran. Und wer dann gar bei Sturm pfeift, begeht nahezu ein Verbrechen. Der darf sich dann nicht mehr wundern, wenn er über Bord geht.

Bei Flaute allerdings hilft sanftes Flöten. Jedoch nicht gleich unbescheiden, wenn der Wind erst gerade eingeschlafen ist. Zwei Tage sollte man schon Geduld haben, bevor man ihn herbeipfeift. Hat der Skipper dann endlich frischen Wind in den Segeln, darf er aber beileibe nicht sich offen über den „guten Wind“ äußern. Dann könnte er sofort wieder einschlafen.

Dahinter steckt natürlich die so weit verbreitete Ansicht, man solle nichts „beschreien“. Landratten klopfen an Holz. Küstenbewohner sagen gern das Gegenteil von dem, was sie sich wirklich wünschen – aus der Überzeugung heraus, daß irgendwo böse Geister lauern, die genau das für sie tun, was sie nicht äußern. Deshalb wünscht man sich auf See auch niemals „viel Glück“, sondern „Mast- und Schotbruch“. Das klingt trotzig-lässig und hat dann sicher den gegenteiligen Erfolg.

Das sind so Philosophien, wie sie hier an der Küste florieren. Wenn von Aberglauben die Rede ist, muß auch unbedingt die Zahl 13 untersucht werden. In der ganzen Welt hat sie Bedeutung als Unglückszahl – wie sollte sich da die Nordseeküste ausklammern! Tatsächlich haben Fischer und Seeleute an unserer Küste den 13. eines jeden Monats immer ausgeklammert, wenn es galt, in See zu stechen. Außerdem steht fest, daß es nirgendwo eine Schiffskabine mit der Zahl 13 gibt. Voll Schaudern erzählt man sich auch hier an der Nordsee, daß es einen unschlagbaren Beweis für die „böse 13“ und ihren Zusammenhang mit dem nördlichen Meer gäbe: Nachweislich gab es auf dem so tragisch untergegangenen Passagierschiff „Titanic“ eine Kabine mit der Nummer 13. Es zerschellte auf seiner Jungfernfahrt an der Spitze eines Eisbergs.

Und das geschah in der Nacht des 13. Aprils 1914 – untrüglicher Beweis dafür, daß auch das Datum von entscheidender Bedeutung sei, sagen die Seeleute und bleiben an solchen Tagen zu Haus. Schlecht für eine Ausreise sollen außerdem der erste Montag im April sein, der Tag an dem Kain seinen Bruder Abel tötete, der zweite Montag im August, an dem Sodom und Gomorrha zerstört wurden, und der 31. Dezember, an dem Judas sich erhängte.

Aber solche unglückseligen Fixierungen beziehen sich durchaus nicht nur auf biblische Ereignisse böser Art. Sie reichen auch bis in den heidnischen Glauben und die alte germanische Götterwelt hinein. Wo zum Beispiel in den „Julnächten“ zwischen Weihnachten und Neujahr Wäsche auf der Leine hing, mußte damit gerechnet werden, daß böse Fluten kämen und der Tod ins Haus zöge. Denn in diesen Nächten reitet Odin, der Germanengott, auf seinem achtbeinigen Pferd „Sleipnir“ durch die Luft und verflucht die Häuser mit wehender Wäsche. Sein Unglückbringen bezieht sich aber nur auf die Julzeit. Der Freitag einer jeden Woche aber ist der unglückbringende Tag seiner Ehefrau, der Göttin Frigga. Sie läßt an diesem Tag Hexen und Nixen regieren. Erstaunlich bleibt dabei, daß Frigga ursprünglich die glückbringende Göttin der heimischen Herde war. Die Sache mit dem Unglückstag wurde ihr erst nach der Einführung des Christentums untergeschoben.

Irgendwann einmal soll dann die britische Admiralität beschlossen haben, ein bestimmtes Schiff ganz auf den Freitag festzulegen. Sein Bau wurde am Freitag beendet. Es wurde am Freitag getauft und lief am Freitag vom Stapel. Es erhielt sogar den Namen „Freitag“, und – überflüssig fast, es zu sagen – es begann seine Jungfernfahrt an einem Freitag. Ist es auch überflüssig zu sagen, daß dieses Schiff niemals wiedergesehen wurde und auch kein Mitglied seiner Mannschaft?

Spökenkieker hier an der Nordsee wollen das freitagträchtige Schiff beobachtet haben, als es unterging. Natürlich an einem Freitag . . . Und Schuld an allem bekam natürlich wieder die Germanengöttin Frigga oder Freya, wie sie außerdem heißt.

Seeleute haben schon immer gern einen Kontakt zur femininen Welt gehabt. Allerdings hatten sie es konkreter lieber, als die Verbindung zu einer heidnischen Göttin es zuläßt. Beweis dafür sind die Galionsfiguren am Bug ihrer Schiffe. Seit der Zeit der Normannen sind sie der Stolz eines Schiffes gewesen und selbstverständlich beladen mit mystischen Vorstellungen verschiedenster Art. Auf einen einfachen Nenner gebracht, sahen Seeleute in der Galionsfigur die Seele ihres Schiffes. Irgendwie bleibt dabei aber unklar, was die Seeleute sich unter „Seele“ vorgestellt haben. Denn zu unserem Erstaunen wird von ihnen behauptet, daß eine vom Bug entfernte Figur ein Schiff – den Körper also – unsinkbar mache. Während die menschliche Physis doch dem absoluten Verfall ausgesetzt ist, sobald die Seele den Körper verläßt.

Und da wir gerade über den Tod sprechen, sollte eines nicht unerwähnt bleiben: Wenn nicht gerade eine Sturmflut die Menschen im Kollektiv dahinraffte und für ihren Tod verantwortlich war, so ist es vornehmlich die Zeit der Ebbe, in der Menschen sterben. Es ist tatsächlich schon im vorigen Jahrhundert statistisch nachgewiesen, daß von zwölf Todesfällen mindestens neun bei Ebbe zu verzeichnen sind. Hier an der Nordseeküste sagt man schon seit dem Mittelalter, daß „die Seelen mit der Ebbe davonziehen".

Aristoteles, der Schüler Platons, dem man die größte geistige Potenz der abendländischen Geschichte nachsagt, wird wegen seiner großen Gelehrsamkeit auf verschiedensten Sektoren immer wieder erwähnt. So auch hier in besonderer Weise: Er soll schon im 4. Jahrhundert vor Christi Geburt nachgewiesen haben, daß Tiere nur bei Ebbe sterben. Was er für die Menschen – und vielleicht ganz speziell für sich selber – herausgefunden hat, ist nicht überliefert. Ganz offensichtlich hat ihn aber das Ebbe-Flut-Problem in der Beziehung zum Tod stark beschäftigt. Er wählte den Freitod und stürzte sich in die Tiefe von einem Felsen, von dem bekannt war, daß zu seinen Füßen Ebbe und Flut in einem unentwirrbaren Durcheinander begriffen waren. Das war allerdings nicht bei uns an der Nordsee, sondern in Griechenland im Jahre 322 v. Chr.

Aristoteles ist also von der See begraben – wie so viele Menschen hier an der Küste auch. Ob man seine Leiche fand, weiß man nicht. Sturmflut-Tote hierzulande fand man meistens nicht. Von Toten an Bord eines Schiffes weiß man dagegen einiges. Und manches davon hat mit Aberglauben zu tun und gehört – von daher gesehen – in dieses Kapitel.

Daß gestorbene Seeleute unmittelbar nach ihrem Tod in Segeltuch genäht und über die Reling dem Meer übergeben wurden, hat eher eine hygienische Bedeutung. Daß sie aber unbedingt nur nach Steuerbord versenkt werden durften, hat wiederum mit Aberglauben zu tun. Links in Fahrtrichtung einen Toten zu versenken, hieß, Unglück für alle Beteiligten heraufzubeschwören. Daß man dem Toten ein großes Stück Eisen in den Leinensarg legte, hatte praktische Bedeutung. Daß man aber auch Brot und Salz mit hineinnähte, war wiederum abergläubischer Urväterbrauch: Der Tote sollte nicht verhungern auf seinem Weg ins Jenseits.

Neuerdings gewinnt die Seebestattung an der Küste neue Bedeutung. Ob dabei altem Aberglauben nachgelebt oder einer Mode nachgegeben wird oder der Wunsch wirklich einer tiefen Überzeugung entspringt, ist sicher von Fall zu Fall verschieden. Es hat gewiß seinen eigenen Reiz, wenn weder Kreuz oder Stein noch zierende Blumen den Grabhügel markieren, sondern „des Meeres ewige Welle" den Leichnam deckt.

Bei Menschen, die wirklich in engster Beziehung zum Meer gelebt haben, scheint eine Seebestattung sinnreich. Diese Beziehung muß heute sogar nachweisbar sein, um eine Genehmigung dafür zu erhalten. Fragwürdig erscheint dabei jedoch, daß es schon Unternehmen geben soll, die gegen ein entsprechendes Honorar zu solchem Nachweis verhelfen und dann auch eine pietätvolle Seebestattung übernehmen. „Überlaßt die Asche der unendlichen See . . . Hol nieder Flagge . . ."

6. KAPITEL

DEICHBAU UND LANDGEWINNUNG IN DER LITERATUR

Wenn man sich mit dem Gedanken beschäftigt, wie innerhalb literarischer Werke das Verhalten des Menschen gegenüber dem Meer, seiner unberechenbaren Gewalt und seiner ständigen Bedrohung entwickelt worden ist, wird wohl jeder zuerst an Theodor Storms Novelle „Der Schimmelreiter“ denken. Hier geht es um die kreative Kraft eines einzelnen Menschen im Konflikt mit einer nichts wissenden, trägen und abergläubischen Menge.

Der „Schimmelreiter“ Hauke Haien ist die tragende Figur in Storms letzter Novelle. Im Verlauf des ersten Teils der Handlung heiratet er eine bemerkenswerte Frau und muß sich, nachdem er es zu Ansehen und Rang gebracht hat, anhören, er sei nur um ihres Einflusses willen zu dem geworden, was er selbst so heiß ersehnt hatte: nämlich Deichgraf.

Um sich dem Volk um ihn herum zu beweisen – und natürlich auch um seiner selbst willen –, plant er etwas Besonderes: Ein ganz neuer Deich soll aus dem Vorland erstehen, der auf ganz neue Weise zur See hin flach abfallen wird. Natürlich hat er Widersacher. Und selbst seine Frau Elke weist ihn darauf hin, daß das Neue stets seine Feinde habe, daß der Mensch an der Küste seinen Traditionen und seinem Aberglauben verwachsen sei. Sie macht ihn darauf aufmerksam, daß nach Meinung der Leute ein neuer Deich nur halten könne, wenn ein lebendiges Wesen, etwas „Lebiges“, in die Erdmassen geworfen und mit vergraben werde. Darüber empört sich Hauke Haien und ahnt dabei nicht, wie sehr ihm abergläubiges Wesen noch zu schaffen machen soll.

Es begann damit, daß auf der Hallig Jeversand das weißgebleichte Knochengerippe eines Pferdes lag. Und eines Nachts behaupteten zwei junge Knechte, sie hätten im Mondlicht ein weißes Pferd dort weiden gesehen. Ein auferstandenes Gerippe?

Unseligerweise kaufte Hauke Haien gerade zu dieser Zeit einen verwahrlosten, abgemagerten Schimmel, fütterte ihn heraus und erklärte ihn zu seinem Lieblingspferd. Im Nu hieß es, das Pferdegerippe vom Jeversand stünde im Stall des Deichgrafen als lebendiges Pferd. Eine teuflische Geschichte wurde über ihn in Umlauf gesetzt, aber er bemerkte es nicht. Seine ganze Kraft galt der Eindeichung seines neuen Kooges und seine Liebe seiner Frau und ihrer kleinen Tochter Wienke, die jedoch nicht wie ein normales Kind heranwuchs, sondern schwachsinnig blieb.

Eines Tages nun, so erzählt es Theodor Storm in seiner Novelle, kam zum Tragen, was des Deichgrafen kluge Frau prophezeit hatte: Der Aberglaube der Bevölkerung zeigte sich handgreiflich.

Als im Frühjahr die Arbeit im neuen Koog fortgesetzt wurde, entdeckte Hauke Haien auf seinem Ritt am Deich entlang etwas Schauerliches: Die Arbeiter hatten ganz offenbar ein herrenloses Hündchen eingefangen und versuchten gerade, es in der aufgeworfenen Erde lebendig zu verschütten. Auf diese Weise wollten sie heimlich das Werk sichern, das man sie gezwungen hatte zu verrichten. Hauke Haien, der sofort begriff, was hier geschehen sollte, gab Befehl, das Tier laufenzulassen. Aber die Männer antworteten ihm nur mit bösen Gesichtern, geballten Fäusten und erhobenen Spaten. Als der Deichgraf diesen offenen Widerstand so hautnah erlebte, bestand er nicht auf Gehorsam, sondern sprang vom

Pferd, befreite den kleinen Hund und brachte ihn seiner kleinen Tochter als Spielgefährten ...

Trotz dieses häßlichen Zwischenfalls wurde der neue Deich bald darauf geschlossen, und die Abnahme des neuen Kooges durch die Behörde gestaltete sich für Hauke Haien und seine Elke zum ganz großen Höhepunkt in ihrem Leben. Zusätzlich erfüllte es den Deichgrafen mit Stolz, als er bemerkte, daß man das Land hinter dem neuen Deich im Volk als „Hauke-Haien-Koog" bezeichnete. Aber das Verhängnis brach über den Mann und seine Familie herein ...

Es begann eigentlich schon mit dem Augenblick, als Hauke Haien entgegen seiner Gewohnheit den Dorfkrug aufsuchte, nachdem er kaum ein schweres Marschenfieber überstanden hatte und sich noch schwach und elend fühlte.

Statt nun dort Experten anzutreffen, mit denen er sich wegen einer gefährdeten Stelle im Altdeich beraten wollte, traf er ausgerechnet auf seine Widersacher, die ihm zum Vorwurf machten, zuviel Geld in seinen Koog und den neuen Deich investiert zu haben.

Noch halbkrank, konnte er sich nicht durchsetzen, als er umfangreiche Erneuerungen am Altdeich forderte. Er konnte sich gegen seine Widersacher nicht behaupten und begnügte sich mit dürftigen Ausbesserungen, die er in gesunden Tagen als unzulänglich abgelehnt hätte. Selbstvorwürfe bedrängten ihn, und er ahnte, daß hier die Ursache für eine sich anbahnende Katastrophe zu finden sein würde.

Sie kam und wurde zum Verderben für die Hauke-Haien-Familie. Es begann an einem Tag im Herbst, als plötzlich eine unerwartet heftige Sturmflut einsetzte. Der Deichgraf ließ sofort den Schimmel satteln und stürmte an den Deich. Er langte gerade noch rechtzeitig an, um zu verhindern, daß seine Widersacher den neuen Deich abtrugen, um mit diesen Erdmassen den alten, gefährdeten, nur notdürftig reparierten

Deich zu sichern. Während Hauke Haien im Tosen des Sturms versuchte, Anordnung zur Rettung zu geben, brach der alte Deich an einer Stelle, die zusätzlich von Mäusen gravierend unterhöhlt war. Die Gefahr nicht achtend, stürmte Hauke Haien zur Unglücksstelle, um zu retten, was noch zu retten sein könnte. Unter den rasenden Hufen des Pferdes bebte der Grund. Das Wasser tobte und wälzte sich gerade an der Durchbruchstelle in dem dahinter gelegenen neuen Koog. Dort sah Hauke Haien, als sich seine Augen genügend an das Dunkel gewöhnt hatten, das Wasser in wirbelnden Strudeln kochen. Aber dann erblickte er noch etwas, das ihn viel schrecklicher traf: Von seinem Gehöft her sah er einen Wagen kommen, in dem seine ahnungslose Frau mit dem Kind saß. Unter ungeheurer Anstrengung versuchte Hauke in diesem Wahnsinnsaugenblick, seine Stimme bis zu dem Gefährt durchdringen zu lassen, um Elke zu warnen. Aber er erreichte sie nicht, und er mußte ohnmächtig zusehen, wie die beiden Menschen, die er liebte, in den Fluten versanken. Da gab er seinem Schimmel die Sporen und jagte seinen Lieben nach in die brodelnde Tiefe.

Und die Leute erzählen sich bis heute, daß immer dann, wenn Gefahr für den Deich droht, der „Schimmelreiter" auf seinem gespenstischen Roß erscheint. Und dann wissen alle, daß sie hinaus müssen, um heraufziehendem Unheil vorzubeugen . . .

Theodor Storm hat seine berühmte Novelle in zwei Teile geteilt. Im ersten Teil wird Haukes Aufstieg zum Deichgrafen und sein Entschluß zum Deichbau erzählt. Aber immer dann, wenn von seinen einsamen Gängen zum Wattenmeer gesprochen wird, geistert bereits etwas durch die Handlung, das man als eine Art dämonenhaften Grund bezeichnen könnte, auf dem der weitere Verlauf der Handlung aufgebaut ist. Der ganze zweite Teil berichtet dann, wie die abergläubischen Küstenmenschen den Deichgrafen im Kampf um sein großes Werk umzudeuten verstehen in einen Träger unheimlicher Kräfte, den es zu bekämpfen gilt.

In diese Sonderstellung ist Hauke Haien geraten, weil er einfach über die herkömmliche Gemeinschaftsordnung hinausgewachsen ist. Daher gerät er nicht nur in einen Gegensatz zu dieser bestehenden Ordnung, sondern erlangt sogar deren Feindschaft. Das ist Tragik. Denn wenn man auch zugestehen muß, daß das Werk des Deichgrafen durchaus nicht ohne eine Art leidenschaftlicher Besessenheit entstand, so sollte es doch vor allem dem Schutz der Gemeinschaft dienen. Dieser Mann mit seinen überdurchschnittlichen Anlagen, einer hohen Intelligenz und einem unerhörten Willen zur Kreativität hat sich sprunghaft entfaltet und schließlich eine große Aufgabe gemeistert. So wird es von Storm ganz einfach und klar erzählt. Aber der Dichter vollendet diese Gestalt einer greifbaren Wirklichkeit erst dahingehend, daß er sie über diesen einfachen Stoff hinaushebt in eine spuk- und dämonenhafte – ja, in eine mythische Welt. So werden ihr Züge einer tiefen Bedeutsamkeit beigegeben, und dieser Kunstgriff des Dichters ist es, der Wirklichkeit und Mythos so bruchsicher ineinander verfugt.

Spätestens an dieser Stelle müßte sich eigentlich der Gedanke aufdrängen, den „Schimmelreiter" an Goethes „Faust"-Figur zu messen. Ob Storm dergleichen vorgeschwebt hat, als er mit Hauke Haien den Menschen schuf, der sich nie zufrieden gibt, der die Herausforderung der Elemente annimmt, der das Wagnis auf sich lädt, dem Wasser Land abzuringen und das „tätig freie Tun" zu schätzen, ist nicht nachweisbar.

Interessant ist, daß Goethes größtes Werk nicht darauf verzichtet, den Kampf des Menschen um Landgewinnung zu behandeln. Mit der Landgewinnung und einem Palastbau auf dem neugewonnenen Grund ist die letzte Station in Fausts Leben erreicht. Aber seinem ja nie zufriedenen Geist schweben immer noch neue Projekte vor. So will er unbedingt seinem Besitz einen Hügel einverleiben, auf dem in einer armseligen Hütte das alte Ehepaar Philemon und Baucis wohnt. Die beiden Alten begreifen die Ideen des Faust nicht und weigern sich zu gehen. Da läßt Mephisto ihre Hütte anzünden, und sie kommen um.

Um die Handlung noch etwas weiter zu verfolgen, sei von den vier grauen Weibern gesprochen, die als die personifizierten Begriffe von Mangel, Sorge, Schuld und Not auf Faust zukommen. Er verwehrt ihnen den Einlaß, aber die Sorge gelangt durchs Schlüsselloch und haucht ihn an, daß er erblindet. Doch auch so ist der völlig Ruhelose noch voller Pläne. Er will für Millionen von Menschen Lebensraum zwischen Hügel und Meer schaffen.

Das alles hat Goethe in seiner letzten Lebenszeit sehr intensiv erfüllt. Das ergibt sich insbesondere aus der Biographie von Emil Ludwig, aus der hervorgeht, daß noch im Mai seines letzten Lebensjahres Goethe in einem Entwurf zum 4. Akt schreibt: „Beneidenswert sind Faust die Anwohner des Meeresufers, das sie der Flut abgewinnen wollen. Zu diesen will er sich gesellen.“ In seinen letzten Arbeitswochen wurden dann aus diesem Entwurf die Worte: „Mein Auge war aufs hohe Meer gezogen. Da wagt mein Geist, sich selbst zu überfliegen, hier möcht ich kämpfen, dies möcht’ ich besiegen.“

Und das alles, obwohl nachweisbar und auch allgemein bekannt ist, daß Goethe das nördliche Meer, dem man Land abgewinnt, das aber auch Katastrophen über die Menschen bringen kann, niemals sah.

Und das wußte natürlich auch Storm. Es erscheint fast sicher, daß er Parallelen gesehen haben muß. Zum Beispiel spricht auch Faust davon, daß es schwer sei, sich von Dämonen zu befreien – ähnlich wie der Schimmelreiter sich nicht vom Aberglauben seiner Leute befreien kann.

Auch die Zwiespältigkeit der beiden Persönlichkeiten ist deutlich. Faust wie der Schimmelreiter haben dank ihrer Klugheit und Tatkraft ihren Mitmenschen viel Nutzen gebracht. Aber beide treffen wir in Szenen tiefster Einsamkeit. Sie kennen keine harmonische Gemeinschaft mit denen, für deren Wohl sie wirken.

Zu behandeln wäre in diesem Zusammenhang möglicherweise auch das Erlebnis des Daseins-Höhepunktes in beiden Werken. Von Faust ist uns bekannt, daß er das Bündnis mit dem Teufel einging und alle Macht der Welt erreichen sollte bis zu dem Augenblick, von dem er sagen würde: „Verweile doch, du bist so schön." Das sollte dann den Verlust seiner Seele bedeuten.

Goethe läßt uns am Schluß seiner Tragödie das Ende dieses Mannes erleben, der das Wort in keiner Phase seiner Entwicklung aussprach und am Ende – erblindet – den „schönsten Augenblick" im Konjunktiv ausdrückt und ihn damit – die Möglichkeit als Modus geäußert – in eine Vision hineinnimmt. Der Schimmelreiter dagegen erlebt den Höhepunkt seines Lebens nach der Fertigstellung des Kooges bewußt im Zenit seines Daseins und voll großer Freude. Sein tragischer Tod steht ihm erst noch bevor und wird zu diesem Zeitpunkt nicht geahnt.

Aber auch der Tod dieser beiden Gestalten birgt bei näherer Betrachtung doch etwas Gemeinsames: Er drückt die Sinnlosigkeit des menschlichen Tuns aus. Während der Schimmelreiter die Vernichtung seines Werkes erlebt, ist es bei Goethe Mephisto, der erkennen läßt, wie vergeblich alles menschliche Ringen und Trachten ist: Durch eine Vision als Blinder verliert Faust seine Wette und stirbt.

7. Kapitel

Über grosse Sturmfluten und ihre Auswirkungen

Vielleicht kennt so mancher den Spruch, den die Römer prägten, als sie hier an die Nordseeküste gelangten. Er heißt: „Deus mare – homo litora fecit" . . . Gott hat das Meer, der Mensch aber die Küste gemacht.

Das sagt einiges aus über das starke Selbstbewußtsein, das den Küstenbewohnern zugestanden wurde. Es drückt aber gleichzeitig auch eine unabdingbare Notwendigkeit aus. Denn nur, wenn die Menschen ständig bereit waren, ihre Küste zu „machen" – das heißt, sie immer wieder gegen das Meer abzusichern – konnten sie sich einigermaßen geschützt fühlen. „Wer nicht will dieken, de mutt wieken . . ." So drückten es später die Menschen an der Nordsee aus.

Erst seit etwa 500 Jahren gibt es ein einigermaßen zuverlässiges Bild vom Zustand der Westküste. Weiter zurück kann man den Gestaltwandel der Küstenlandschaft nur geologisch verfolgen. Seit 1500 aber stehen neben alten Deichresten auch amtliche Unterlagen zur Verfügung, die eine Vorstellung vermitteln können, wie es damals hier ausgesehen haben mag. Und seit dem Beginn des 17. Jahrhunderts gibt es sogar ein Kartenwerk, in dem die Einbrüche des Meeres und die massiven Landverluste eindrucksvoll belegt sind. Der Dänenkönig Christian IV. ließ durch den seinerzeit berühmten Kartographen Johannes Mejer die Küste von Glückstadt bis hinauf auf die Höhe von Esbjerg mit allen Inseln und Flußmündungen kartieren. Mejer war von dieser

Arbeit offensichtlich außerordentlich fasziniert. Denn er versuchte im Anschluß, die Küstenlandschaft auf Karten so zu rekonstruieren, wie sie sich etwa im 13. Jahrhundert dargeboten haben mag. Er fand heraus, daß in der von Watten, Inseln und Halligen gebildeten Bucht zwischen Sylt und Eiderstedt eine von beachtlichen Rillen durchzogene Landmasse liegt. Als deren Relikte können wir heute die nördlichen Geestinseln, die Halligen, auch Pellworm und Nordstrand und natürlich die Außensände in den Watten annehmen. Daraus ergeben sich ungeheure Landverluste, die zum Teil in so früher Zeit stattgefunden haben müssen, daß es für uns nicht nachvollziehbar bleibt.

Über Sturmfluten, die Verwüstung über das Land brachten, über die verlorene Kampfansage, die der „Blanke Hans" verlachte und den Menschen ihr Land, ihre Häuser, ihr Vieh und oft auch ihr Leben nahm, ist schon vorher berichtet worden. Was allerdings aus dem frühen Mittelalter an Überlieferungen stammt, beschränkt sich auf spärliche Hinweise und spricht höchstens von entstandenen Schäden, nicht aber über die Höhe der Flut oder ihre möglichen Ursachen. Und ganz gewiß ergaben sich keine exakteren Angaben über Landverluste oder Veränderungen im Bereich der Küste.

Die Fluthöhe wurde erst meßbar, als zu Beginn des 19. Jahrhunderts der erste Pegel errichtet wurde. Seitdem gibt es die genauesten Angaben. Und es ist erwiesen, daß es auf der ganzen Welt keinen Naturraum gibt, der mit so einer mathematischen Genauigkeit vermessen worden ist wie die Nordseeküste. Aber damals wußte man noch wenig.

Immerhin schrieb man erst das Jahr 1146, als ein Chronist erstmalig eine Flutkatastrophe bezeugte. Seine Überlieferungen sind bis heute erhalten, und so weiß man zum Beispiel, daß diese Flut genau an dem gleichen Tag über die Küstenbewohner hereinbrach wie die schon so ausführlich dokumentierte Katastrophe von 1962: nämlich am 16. Februar. Diese mittelalterliche Flut erhielt – wie so viele in früherer Zeit – einen Namen und ging als die „Julianenflut" in die Historie ein. Woher dieser Name stammt, ließ sich nicht ermitteln.

Auch die zweite nachweisbare Flut erhielt einen Namen. Als „Marcellusflut" wurde sie von einem Augenzeugen in einem handgeschriebenen Bericht der Nachwelt erhalten. Möglicherweise hieß er selber Marcellus. Jedenfalls weiß man auf diese Weise, daß am 16. Januar 1219 eine ungewöhnlich heftige Sturmflut schwere Schäden anrichtete. Ebenfalls am 16. Januar – jedoch erst 1362 – kamen bei einer Flutkatastrophe Tausende ums Leben. Ganze Kirchspiele gingen an diesem Tage unter und wurden Opfer des wütenden Wassers. Sie wird hier an der Küste „De grote Mandränke" genannt – und daraus spricht die ganze Erschütterung der Bevölkerung über den Massentod, den die Flut forderte. Wirklich genauere Berichte aber gab es noch nicht.

Die Überlieferungen widersprechen einander in vielem, und ganz gewiß ist die Zahl der Opfer viel zu hoch angesetzt worden – Nordfriesland hätte menschenleer sein müssen nach diesen Schilderungen. Eines jedoch ist gewiß: Erst seit der großen „Mandränke" kann man von einer „Welt der Halligen" sprechen. Denn das vom Meer verschluckte Land schlickte auf, und auf abgerissenen Landbrocken bildeten sich die kleinen grünen Halligen, die zunächst beweidet und dann zum Teil auch besiedelt wurden. Eiderstedt übrigens wurde nach dieser Sturmflut für 120 Jahre zu einer Insel.

Auch die „Mandränke" wird an mancher Stelle „Marcellus-Flut" genannt, weil der 16. Januar der „Marcellustag" ist – eine einleuchtende Erklärung vielleicht auch für die Benennung der Flut vom 16. Januar 1219.

Genaue Berichte fehlen auch für die sogenannte „Allerheiligenflut", die das Land am 1. November 1436 heimsuchte. Aber es steht fest, daß nach dieser Flut die Deichpflicht eingeführt wurde. Und dann dauerte es tatsächlich fast hundert Jahre, bis wieder eine Sturmflut ihre Opfer forderte. Das war die größte Flut des 16. Jahrhunderts, die am 16. November 1532 viele tausend Menschen umkommen ließ. Als die Flut zurückgewichen war, mußte man erkennen, daß zwei Drittel der mühsam gebauten Deiche zerstört waren.

Bei dieser Gelegenheit wurde übrigens zum erstenmal eine ungefähre Fluthöhe angegeben. Mit annähernd vier Metern erreichte sie zwar spätere Sturmfluthöhen noch nicht, wirkte sich aber so verheerend aus, weil die Deiche noch nicht so sicher waren wie in späteren Zeiten. Noch im selben Jahrhundert gab es dann die erste Weihnachtsflut. Sie kam 1593 bei einem zu Weihnachten einsetzenden Sturm, der gar nicht wieder aufhören wollte und bis in den Januar hinein dauerte, immer mehr Deiche brechen ließ und die Menschen in Atem hielt.

Und dann kam es – nur ein knappes halbes Jahrhundert später – zu der entsetzlichsten Flut, die je an der Nordseeküste gewütet hat. Am 11. Oktober – ungewöhnlich früh im Jahr für eine Sturmflut – zerriß im Jahre 1634 das Wasser vor allem die Inseln und Halligen. Der offizielle Name dieser Flut lautet „Burchardi-Flut". Dieses Geschehen soll in diesem Kapitel einen besonderen Raum einnehmen. Denn es ist die erste Katastrophe dieser Art, über die es sehr eindrucksstarke Berichte gibt von Menschen, die sie miterlebten. Außerdem war dies die Flut, die Augenzeugen als „Sündenfluth" bezeichneten. Dies Naturereignis wurde von denen, die es über sich ergehen lassen mußten, als Strafgericht Gottes empfunden – und zwar sowohl von der ländlichen Bevölkerung, die weder schreiben noch lesen konnte, als auch von gebildeten Chronisten.

Das anschaulichste Zeugnis liefert in diesem Zusammenhang der Nordstrander Pastor Matthias Lobedantz. Gegenstand seiner Klage ist die Zerstörung des alten Nordstrand, Thema seiner geistlichen Untersuchung die Schuldfrage des Menschen angesichts solcher Vernichtung durch die entfesselten Elemente.

Abgesehen davon, daß Lobedantz genau beschreibt, was an verheerenden Folgen diese Flut in der Nacht vom 11. zum 12. Oktober zeitigte, wandte er sich in einer Klage- und Bußpredigt an die Überlebenden und sprach sie dabei direkt an. Wieweit er verstanden wurde, ist damit nicht überliefert.

Wohl aber spricht aus seinen Worten die Unfaßbarkeit, die ihn selber angesichts dieser Katastrophe ergriff. Tausende waren ertrunken, zahllose Herden in den Fluten umgekommen, die Ernten vernichtet, die Häuser fortgeschwemmt. Auf diese Weise völlig ihrer Existenz beraubt, haben nach Lobedantz' Berichten erstmalig tapfere Küstenbewohner in totaler Resignation ihre Heimat verlassen.

Das war ungewöhnlich. Überlebende von Flutkatastrophen waren immer geblieben. Nordseemenschen trotzten den Gewalten, sie wichen nicht. Von jeher hatten sie das Unfaßbare, das ihnen die See immer wieder in Form von zerstörerischen Fluten bot, nicht in Ergebenheit hingenommen. Die ständige Bedrohung durch das Meer ließ ihren Stolz und ihren Trotz eher wachsen und sie erfinderisch werden im Bau von Schutzmaßnahmen.

Die „Burchardi-Flut" aber muß auf alle Überlebenden so entsetzlich gewirkt haben, daß sie Trotz und Kampf vergaßen, flüchteten oder sich zusammendrängten und überlegten, wie sie davonkommen könnten.

Denn es ist durch des Pfarrers Bericht erwiesen, daß allgemein angenommen wurde, in dieser Flut sei der Anfang des Weltunterganges zu sehen. „Ohn Zweiffel sein nunmehr herbeykommen die letzten Zeiten", heißt es. In welcher Angst müssen die Menschen gelebt haben! Und sie standen erst am Anfang eines langen Winters. Eine verwüstende Sturmflut zu Beginn des Oktobers hatte es bis dahin und auch später nicht gegeben.

Interessant ist, daß der Pfarrer Lobedantz, bevor er sich in eine geistliche Auseinandersetzung mit dem Phänomen dieser Flut begibt, eine exakte Statistik liefert. Sie ist, erschütternd und ihre Verläßlichkeit durch seine eigenen Erfahrungen und zusätzliche offizielle Ermittlungen abgesichert.

Die Zahl der Ertrunkenen gibt Lobedantz mit 6123 an – gesteht jedoch ein, daß es sich dabei nur um bekannte Einheimische handle, nicht aber um die zahllosen Saisonarbeiter, die sich hier alljährlich bis weit in den Oktober hinein bei der Ernte ihren Lebensunterhalt verdienten. Den Tod dieser Besitzlosen gibt Lobedantz als „nicht registrierbar" an, vermerkt aber mit offenbar besonderem Schmerz, daß neun seiner Amtsbrüder zu den Toten gehören, und nennt sie auch mit Namen.

Nach seiner Beschreibung wurden sechs Kirchen nahezu verwüstet und achtundzwanzig Windmühlen vernichtet. Und letzteres war gleichbedeutend mit der Vernichtung eines ganzen Wirtschaftszweiges. Den Verlust an Tieren gibt Lobedantz mit 50 000 an. Was er beschreibt, ist mehr als nüchterne Statistik. Es ist die Beschreibung des Elends aus der Sicht dessen, der es miterlebte.

Durch diesen Pfarrer ist auch die Beschreibung dieser Nacht der Verwüstung erhalten geblieben. So wissen wir heute, daß Anfang Oktober 1634 besonders schönes Wetter geherrscht hatte, bis am Sonnabend, dem 11. Oktober, plötzlich schon morgens Wolken vor die Sonne traten und dann Regen vom Himmel fiel. Gegen Abend kam dann ein brausender Sturm auf.

Um 10 Uhr abends jagte das Wasser bereits über die Deiche und zerstörte die ersten armseligen Kätnerhütten, die am ungeschütztesten lagen. Bis zwei Stunden nach Mitternacht war der Deich bereits an 44 Stellen gebrochen, und wer noch nicht ertrunken war, flüchtete auf die Dächer und Dachböden der Häuser. Dabei wurde in manchen Fällen nicht sorgsam genug mit dem Feuer umgegangen, so daß haarsträubenderweise auch noch zusätzlich Häuser in Flammen aufgingen und Menschen verbrannten. Es muß eine unvorstellbare Angst gewesen sein, die den Menschen aus dieser Katastrophe erwuchs, die sie sich ja nicht zu erklären vermochten. Spätere Chronisten, die die Flut aber ebenfalls miterlebten, haben die Nacht geschildert, als habe der Himmel gebrannt und die Luft sei voll Feuer gewesen. Der Herr, so heißt es in diesen Berichten, habe es regnen, hageln, blitzen und donnern lassen, und der Sturm habe die Erde in ihren Grundfesten bewegt.

Diese nachträglich berichtenden Chronisten haben sich gleichzeitig mit ihrer Beschreibung die Mühe gemacht zu überlegen, was dem Sturm seine so allgewaltige Kraft gegeben haben könnte. Entscheidend war – so glaubt man bis heute – daß der Sturm sich in der bewußten Nacht auf halber Springflut von Südwest nach Nordwest wandte und durch diese Drehung das Abfließen der aufgestauten Wassermassen verhinderte – ein Phänomen, das auch im Januar 1993 wieder beobachtet wurde. Nur ist der Mensch nach mehr als dreieinhalb Jahrhunderten eben doch besser gerüstet – oder meint es jedenfalls zu sein.

Der Eiderstedter Chronist Peter Sachs führt an, daß in dieser „schrecklich unerhörten Wasserfluth kein natürlich ursachen“ zu suchen seien. Er schreibt ganz nüchtern, daß die astrologische Konstellation von Planeten, Mond und Erde damals gute Aspekte hätten zeitigen müssen. Deshalb, so folgert er, müsse die Burchardi-Flut als ein „spezielles Verhängnis und sonderbare Strafe Gottes" zu werten sein. Daß neben der Gottesstrafe auch die Astrologie ins Feld geführt wurde, darf nicht verwundern. Der berühmte Astronom Johannes Kepler war praktisch ein Zeitgenosse jener, die diese furchtbare Flut erlebten. Er starb zwar schon 1630, hatte aber sechs Jahre vor seinem Tod „schreckliche Landverwirrung" für 1634 vorausgesagt. Das brachte man in einen Zusammenhang – zumal im selben Jahr Wallenstein ermordet wurde. Und auch das hatte Kepler vorausgesagt.

Und nicht nur den Einfluß der Sterne machte man in jener Zeit für die Geschicke auf Erden verantwortlich. Man war auch überzeugt von der Existenz des Teufels und ähnlicher Höllenunholde. Hexenverfolgung und Teufelswerk wurden im 17. Jahrhundert ganz groß geschrieben. Und von daher mag es nicht erstaunen, daß der Pfarrer Matthias Lobedantz durchaus die Frage aufwirft, ob dem Satan die unheilvolle Verwüstung des Landes angelastet werden könne. Aber er verwirft das doch wieder: Der Teufel ist zuständig für vieles, was vom Normalen abweicht. Schaden- und Heilzauber spricht man ihm zu, und sowohl für den Hagelschlag, der die Ernte vernichtet, als auch für das mißgestaltete Kalb, das mit zwei Köpfen kommt, für mancherlei Verbrechen und für heillose Liebe macht man ihn verantwortlich. Die Burchardi-Flut aber lag letztlich doch für alle, die sie erlebten, gewaltig jenseits des Kompetenzbereiches eines Teufels.

Hier mußte Gott gewirkt haben.

Während Peter Sachs von dem „speziellen Verhängnis und der sonderbaren Strafe Gottes" spricht, bleibt Matthias Lobedantz allgemeiner, indem er darauf hinweist, daß nun einmal alle Ungewitter von Gott ausgelöst werden. Und die Stürme bezeichnet er in diesem Zusammenhang als „Werkzeug der Rache". Damit sind Sturmflutkatastrophen nach ihm insgesamt als göttliche Strafmaßnahmen zu werten. Er spricht von Gottes Zornzeichen und will damit den Menschen aufmerksam machen auf sein Eigenverschulden. Satanas' Eingriffe sind Fremdverschulden. Da kann der arme Mensch nichts dafür. Aber der Grund für eine Sturmflut kann nach Pfarrer Lobedantz' Meinung nur in der Sündhaftigkeit der Menschen zu suchen sein.

Und damit hätten wir eine interessante Verbindung hergestellt zum diesbezüglich entstandenen Sagenstoff und der ganz offenkundigen Einstellung der Menschen jener Zeit.

Lobedantz zum Beispiel beschreibt den Lebensstandard seiner Nordstrander Gemeinde keineswegs als ärmlich, er lastet ihnen „Prahlerey in essen und trincken" an. Und nicht nur das. Er spricht auch von „schändlicher Leichtfertigkeit in schwören und fluchen" und behauptet, daß mit „Hurerey und Ehebruch fast alle Winkel gefüllet seien" – und auch „Blutvergiessung nicht eben selten".

Ein wirklich erschreckender Bericht.

Der Pfarrer, der diese Erkenntnisse hatte, wollte nun unbedingt eine geistliche Deutung für diese Katastrophe durch Naturgewalten. Und so behauptet er, daß Sünde aus sündhaften Herzen wie Qualm aufsteige, der sich als drohende Wolke zwischen die Menschen und Gott setze. Aus dieser Wolke lasse dann Gott das Unwetter brechen, um die Menschen zu strafen, weil er sie um der drohenden Wolke willen nicht mehr erreicht.

Wenn der Tod die Strafe für diejenigen war, die sich eines sündhaften Lebens schuldig gemacht hatten, dann mußte doch wohl das Überleben Lohn sein für ein gottgefälliges Leben. Eine schriftlich fixierte, sehr eindrucksstarke Überlieferung bildet dabei für uns die Geschichte der Anna Ovena Hoyers, die sich triumphierend als Auserwählte sah, Gott pries und nichts an der Katastrophe bedauerte.

In einem ihrer selbstverfaßten Lieder, die bis heute in einem Handschriftenband gesammelt erhalten und in der Königlichen Bibliothek zu Stockholm einzusehen sind, wird das eklatant deutlich. Darin spricht Anna Hoyers ganz offen davon, daß die vielen Spötter und Verächter den „prophezeiten Tag der Rach" verlachten und dann durch die gewaltige Flut nicht nur eines Besseren belehrt, sondern getötet wurden. Die Sichtweise der Hoyers macht klar, daß sie in allem nicht nur die gerechte Strafe Gottes sieht, sondern auch die Vernichtung seiner Feinde – ganz gezielt. Überlebt zu haben, bedeutet für sie, errettet zu sein, zu denen zu gehören, die erwählt sind, in ihrer Gottesnähe weiterzuleben. Überlebt zu haben, war eine ganz besondere Art persönlicher Rechtfertigung.

Ein so radikaler Aspekt erscheint uns kaum begreiflich. Doch wenn man sich mit dem Lebenslauf der Anna Ovena Hoyers etwas näher befaßt, wird manches verständlich. Sie war es nämlich, die dringend einer Rechtfertigung bedurfte. Im Jahre 1584 in Koldenbüttel geboren, wuchs sie bei zwei Onkeln in Witzwort auf, weil ihr Vater kurz nach ihrer Geburt gestorben war. Er war ein äußerst gebildeter Astronom gewesen und hinterließ seiner Tochter nicht nur seinen wachen Geist, sondern auch ein Vermögen, das zum Teil für ihre wissenschaftliche Ausbildung verwendet wurde. Trotzdem heiratete sie bereits mit 15 Jahren, und zwar in eine der angesehensten Familien, die sogar mit dem dänischen Königshaus in verwandtschaftlichen Beziehungen stand. Ein starker Rückhalt also, den sie bald auch brauchen sollte.

Denn die junge, intelligente Anna ließ sich schon früh mit recht obskuren Schwärmern und Sektierern ein, neigte dem Spiritismus zu und trieb so allerhand Ungereimtheiten, die sie in heikle Situationen brachten.

Sie und ihresgleichen hielten sich für die Auserwählten und lebten in Erwartung der nahe bevorstehenden Endzeit, die sie jubelnd überleben würden, um danach in die ewige Herrlichkeit einzugehen.

Als ihr Mann 1622 starb, wurde alles noch schlimmer, und zwar weil sie mit ihren Kindern nach Schweden ging und einen Flensburger Sektierer unter dem Vorwand, einen Kinderarzt zu brauchen, zu sich nachzog. Dieser Mann, ein Arzt, der „Teting" genannt wurde, in Wirklichkeit aber Nikolaus Knutzen hieß, hatte sich mit der Flensburger Geistlichkeit total überworfen und wurde auch verfolgt.

Trotzdem zogen Anna und er schon nach kurzer Zeit nach Deutschland zurück und richteten in Husum nicht nur ihr Domizil, sondern auch eine eigene „enthusiastische Winckel-Kirche" ein. Jetzt mußte die Kirche etwas unternehmen. Sie forderte in einem Ultimatum: entweder widerrufen oder das Land verlassen. Teting zog letzteres vor, während Anna Hoyers familiäre Beziehungen tatsächlich ausreichten, sie zu schützen und im Lande zu belassen. Und deshalb erlebte sie die Flutkatastrophe im Tönninger Schloß, wo ihr derzeitiger Wohnsitz war. Sie gehörte also genauso zu den Augenzeugen wie die vorher erwähnten Matthias Lobedantz oder Peter Sachs.

In den Augen dieser seltsamen Frau hatte sich durch die Flutkatastrophe eindeutig herausgestellt, daß die gegen die Kirche Opponierenden die wahrhaft „Auserwählten" waren. Auf diese Weise wurde der persönliche Triumph der Anna Ovena Hoyers perfekt. Sie hatte das Jüngste Gericht und den Weltuntergang vorausgesagt, und jetzt war die Endphase offenkundig eingeleitet ...

Sicher steht sie nicht als Prototyp für den Menschen von damals und seine Geisteshaltung. Dafür sind ihre Lebensumstände zu extravagant gewesen. Aber es blieb ganz gewiß auch in ganz einfachen Seelen der Gedanke haften: „Ich bin nicht gestraft, also bin ich besser als die, die gestraft wurden.“

Aus unserer heutigen Sicht sieht das natürlich alles etwas anders aus. Die Burchardi-Flut war in ihrem nie dagewesenen Ausmaß sicher eine unbegreifliche Katastrophe. Aber sie ist in unseren Augen sicher nicht als „Gottesstrafe“ zu werten, ebenso wenig wie eine spätere Flut, von der man sagte, sie sei gekommen, weil Wattfischer Brot in einen Priel geworfen hätten. Nach Auffassung der Menschen an der Küste macht einen Priel reißend oder löst sogar eine schwere Sturmflut aus, wenn mit einer Gabe Gottes – und Brot gehört sicherlich dazu – nichtachtend umgegangen wird.

Unter der ständigen Bedrohung durch das unberechenbare Meer wuchsen immer neue Ängste in den Menschen. Und es nimmt nicht wunder, daß sie eigenartige und abwegige Theorien darüber entwickelten, wie sie dem entgehen und einer Bestrafung entkommen könnten. Aber die Herausforderung durch das nasse Element weckte nicht nur Ängste und ließ nicht nur die Phantasie spielen. Sie weckte auch Erfindungsgabe, Schaffenskraft, Kampfgeist und Umsicht.

Die zweite „Weihnachtsflut“ zum Beispiel, die ebenfalls zu einer unfaßbaren Katastrophe wurde, führte dazu, daß man zum erstenmal auf den Gedanken kam, zur Befestigung der Küste eine Dossierung aus Stein direkt am Meeressaum anzulegen. So wurde die Christnacht-Flut von 1717, bei der 12 000 Menschen ertranken und 100 000 Tiere umkamen, bahnbrechend für einen ganz neuen Schutz des Küstenlandes. Diesmal hatten sich die Wassermassen bis an den Rand der Geest gewälzt und neben dem Erdreich an die 5000 Gebäude zerstört. Das war der Augenblick, als man einsah, daß allein ein Deich aus Sand und Grassoden nicht ausreichen konnte, um das wilde Wasser zu zügeln.

Leider war die Steindossierung nicht fertig, als zwei Monate später, nachdem es heftigen Frost gegeben hatte, eine schwere Eisflut folgte, wie sie besonders zerstörerisch ist und einem Deich schwerste Schäden zufügt. Heute hat man eine solche Steinkante von Dänemark herunter an der gesamten Nordseeküste. Daß damals die Materialbeschaffung nicht nur kostspielig, sondern außerordentlich schwierig war, wird jedem einleuchten. Aber der Schutz wurde bedeutend besser. Gleichzeitig begannen die Menschen auch, ihre Deiche weniger steil anzulegen. Tatsächlich zeigte sich bei der nächsten Flut von mehr als viereinhalb Metern Höhe, daß Mühe und Kosten sich gelohnt hatten. Es gab an diesem 7. Oktober 1745 kaum Verluste. Das Wasser schlug sich diesmal wirklich müde an den Steinen, die der Mensch zu seinem Schutz herangetragen und aufgerichtet hatte ...

Als jedoch in der Nacht vom 3. zum 4. Februar 1825 die Flut eine Höhe von fünf Metern erreichte, ertranken trotzdem an die 800 Menschen. Außerdem wurden 45 000 Kühe und Schafe von der See verschlungen und 2400 Gebäude beschädigt. Doch war man sich vollkommen sicher – und ist auch heute noch davon überzeugt –, daß die Verluste weitaus größer gewesen wären, wenn die Steinkante nicht gewesen wäre und die Deichbautechnik sich nicht in diesem Sinne entwickelt hätte.

Auch in der ersten Hälfte des 20. Jahrhunderts gab es drei schwere Sturmfluten, die allerdings keine Menschenleben mehr forderten. Weil es aber immer wieder Deichbrüche und schwere Überschwemmungen gab, sahen sich Experten gezwungen, immer neue Maßnahmen zu entwickeln. Mitten im ersten Weltkrieg wurde durch zwei sehr rasch aufeinander folgende Sturmfluten der lange Nordseedeich an mehreren Stellen arg beschädigt und mußte erneuert werden. Das war einmal am 13. Januar und einmal am 16. Februar 1916, als die meisten der Männer an der Front standen.

Die Fluthöhe wurde in diesen beiden Nächten mit viereinhalb Metern angegeben. Erst 20 Jahre später erreichte das Wasser wieder eine Höhe von mehr als vier Metern. Diesmal konnten die Verwüstungen an den Deichen rasch behoben werden. Trotzdem reichte die Küstenbefestigung noch nicht aus, um das Land und die Deiche vor den Zerstörungen zu bewahren, die die grausame Nacht vom 16. auf den 17. Februar 1962 brachte. Danach ist dann allerdings soviel Entscheidendes auf dem Gebiet des Küstenschutzes getan worden, und das hat bei einem Großteil der Bevölkerung ein Gefühl der Sicherheit ausgelöst. Sogar eine gewisse Anmaßung könnte man dahinter verspüren. Die Flutwelle bricht sich wütend an der Steindossierung, die man mit unendlicher Kraft und Arbeitsleistung gegen sie errichtet hat – und der Mensch dahinter vergißt. Was geht ihn noch die Flutwelle an?

8. Kapitel

Die Natur wird „MESSBAR“

Die Sturmflutkatastrophe von 1962 brachte nach der Hollandflut 1953 endgültig eine entscheidende Wende im Denken all derer, die für die Küstensicherung und den Deichbau verantwortlich zeichneten. Interessant mag im Rückblick auf das vorangegangene Kapitel die Tatsache erscheinen, daß der dort beschriebene Hauke-Haien-Koog mit seinem sehr viel breiteren Deichfuß als üblich in dieser Katastrophennacht von 1962 sehr viel geringeren Schaden nahm als andere Deichpassagen – und somit zum Vorbild wurde für gegenwärtigen Deichbau. Man hatte erkannt, daß zu steile Deiche nicht nur von vorn, sondern auch von der Landseite her durch überschlagende Wogen massiv zerstört werden können.

Von den nahezu fünfhundert Kilometern Seedeich der Festlandküste und den rund siebzig Kilometern insularen Deichen wurden fast zehn Prozent so erheblich zerstört, daß man sie neu errichten mußte. Weitere achtzig Kilometer zeigten beträchtliche Schäden, und über hundert Kilometer wiesen Mängel, wie zum Beispiel eine zerstörte Grasnarbe auf, die ebenfalls repariert werden mußte. Außer an den Deichen gab es auch beträchtliche Verheerungen an den Dünen der Sandinseln und vor allem auf den Halligen. Die Wissenschaftler begannen nicht nur damit, den Deichbau neu zu berechnen, sondern sie machten sich auch Gedanken darüber, mit welchen Höchstwasserständen man zukünftig rechnen müsse. Bislang angenommene Höchstwerte waren nämlich in jener Nacht an so mancher Stelle bei weitem übertroffen worden. Bedenklich stimmte die Experten dabei auch, daß bei der Sturmflut von 1962 durchaus keine ungewöhnliche metereologische Konstellation entstanden war und man von daher ganz sicher damit rechnen mußte, daß noch weitaus bösere Situationen entstehen könnten, wenn höchste Wasserstände mit hohem Winddruck zusammenfallen zum Beispiel.

Aber auch nach den sorgfältigsten Berechnungen stand fest, daß eine Vorausberechnung der denkbar höchsten Flut nicht möglich ist und daher eine absolute Sicherheit nie erreicht werden kann. Wer hinter einem Deich lebt, hat immer gewußt, daß er mit Gefahr zu rechnen hat. Im Angesicht der modernen Wissenschaft jedoch pflegt man derartige Gedanken gern beiseite zu schieben.

Es wurde der bereits in den 50er Jahren vorbereitete Generalplan „Deichverstärkung, Deichverkürzung und Küstenschutz in Schleswig-Holstein“ zum„Abschluß gebracht, der aussagte, daß nach menschlichem Ermessen eine Deichkronenhöhe von 8,80 Metern über „Normalnull“ ausreichen müßte, um Sicherheit zu gewährleisten. Man machte sich ans Werk. Zur gleichen Aktion gehörte auch die Verkürzung des Festlanddeiches, der im Lauf der nächsten Jahre von einer Länge von 500 Kilometern auf knapp 300 reduziert wurde. Die größte Rolle spielte in diesem Zusammenhang die Abdämmung der Eider, die die Deichlinie tatsächlich um sechzig Kilometer verkürzen half. Auch die Eindeichungen der Dithmarscher und der Nordstrander Bucht trugen entscheidend zur Verkürzung – und damit zur geringeren Gefährdung – der Deiche bei.

An der Landseite unterhalb der Deiche wurden 260 Kilometer asphaltierte Straße angelegt, auf denen im Gefahrensfall Fahrzeuge aller Art rasch herangeführt werden können. Sie heißen „Deichverteidigungswege“, werden aber im

Volksmund immer noch „Katastrophenweg" genannt. Auch für die Halligen wurde ein Sanierungsprogramm ausgearbeitet. Das ist nicht nur für die Halligen selbst wichtig gewesen. Sie dienen gleichzeitig als Wellenbrecher dem Festlandschutz.

Der Plan, die Insel Pellworm mit dem Festland zu verbinden, entsprang ebenfalls nur dem Wunsch, den Inselsockel abzusichern gegen den Tidestrom – und nicht etwa der Absicht, für Autos einen raschen Weg zu schaffen.

Als am 3. Januar 1976 die höchstgemessene Flut in der Geschichte der Nordseeküste über das Land hereinbrach, zeigte es sich, wie segensreich sich die neuen Deichbauten erwiesen. Und so manchem ist an diesem Tag der schauerliche Gedanke gekommen, daß ohne die Verheerungen der Flutkatastrophe von 1962 von Dithmarschen und Nordfriesland nicht mehr viel übriggeblieben wäre. Die Fluthöhe wurde an diesem 3. Januar 1976 mit 5,15 Metern angegeben. Unvorstellbar!

Bis zu diesem Zeitpunkt hatte man in Schleswig-Holstein 932 Millionen Mark an der Küste verbaut. Hamburg hatte mit 650 Millionen Mark den wesentlichen Teil seiner Vorhaben zum Schutz vor dem Wasser abgedeckt, während Niedersachsen trotz der Kosten von 1,1 Milliarden erst ungefähr die Hälfte seiner Planungen in die Tat hatte umsetzen können.

Und dann gab es noch das Projekt im deutsch-dänischen Grenzbereich. Dort mußten die Tonderner und die Ripener Marsch gesichert werden. Experten hatten bereits errechnet, daß die Deichhöhe auf mindestens 7,20 Meter gebracht werden müsse. In diesem Grenzbereich leben heute etwa 22 000 Menschen in einem Gebiet von rund 30 000 Hektar mit Tondern als Schwerpunkt. Diese Stadt lag bis zur Mitte des 16. Jahrhunderts noch direkt am Meer.

Es waren dann dänische Experten, die Pläne vorlegten, den Deich vor der Tonderner Marsch in der Weise zu verstärken, daß er an die zweihundert Jahre halten müsse. Und dann geschah etwas Seltsames, das alle diese Pläne in ein neues Gesichtsfeld rückte. Denn am Tag vor den deutsch-dänischen Verhandlungen im Januar 1976 gab es wieder eine Sturmflut. Unter diesem unmittelbaren Eindruck führten der damalige Ministerpräsident Dr. Gerhard Stoltenberg und der dänische Minister Niels Matthiasen eine sehr positive Verhandlung, mit der sie ausdrücken wollten, wie gerade an dieser Stelle der neue Geist einer europäischen Schicksalsgemeinschaft als Symbol in die Tat umgesetzt werden könnte. Man wollte vom Hindenburgdamm, der seit 1927 die Insel Sylt als Eisenbahndamm mit dem Festland verbindet, bis hinauf zum dänischen Emmerlefkliff einen gemeinsamen Deich bauen.

Auf diese Weise entstand auch der deutsch-dänische Doppelkoog, dessen dänische Seite nach der Königin der Dänen „Margarethe-Koog“ heißt und auf der deutschen nach einem alten Dorf „Rickelsbüller Koog“. Von dänischer Seite waren an Kosten rund 120 Millionen Kronen – das entspricht etwa 40 Millionen Mark – angefallen, von deutscher Seite 24 Millionen.

Eingeweiht wurde das Projekt im Mai 1982 gemeinsam von der dänischen Königin und dem derzeitigen deutschen Bundespräsidenten Karl Carstens. Aber schon vor diesem Tag der Einweihung bedeutete das Projekt für die Tonderner Marsch die Rettung vor einer Katastrophe. Als am 24. November 1981 eine Sturmflut mit einer Höhe von 4,85 Metern gegen die neuen Deiche raste, hielten sie stand – und das, obwohl die Schäden umso größer waren, je weiter man von Hamburg nach Norden kam.

In Dithmarschen hielten an diesem Tag alle Deiche, aber die Friesen hatten einige Landverluste erlitten. Besonders die

Inseln und Halligen hatten Schaden genommen. Von der Südspitze der Insel Sylt verschwanden um 25 Meter in der See, und auch an der Westküste der Insel gingen rund zwei Millionen Kubikmeter Sand verloren. Wittdün auf Amrum büßte zweieinhalb Meter des Sandstrandes ein, und auf der Hallig Hooge standen wie im Mittelalter die niedriggelegenen Häuser fast einen Meter unter Wasser. Der Eisenbahndamm nach Sylt wurde unterspült, Fischkutter rissen sich los, und in Eiderstedt tobten bei Westerhever die Brecher über den Deich, und in St. Peter-Ording lief das Wasser in etliche Häuser.

Sehr dramatisch gestalteten sich die Geschehnisse auch draußen auf der offenen Nordsee. Mehrere Bohrinseln vor der englischen und der norwegischen Küste rissen sich im Sturm los und trieben aufeinander zu. Glücklicherweise kam es dabei nicht zu Kollisionen. Von einer großen englischen Ölplattform konnten mit Hubschraubern 48 Menschen gerettet werden. Zwanzig aber ertranken.

Die Kräfte einer Sturmflut an der Küste werden immer ein Rätsel bleiben, und wir werden sie auch dann nicht begreifen, wenn wir uns damit beschäftigen, wie sie zustande kommen. Trotzdem wollen wir uns an dieser Stelle etwas mit dem Entstehen der Gezeiten beschäftigen.

Schon Ebbe und Flut sind Naturgegebenheiten, die man nur schwer erklären kann. Wie wir hörten, drückte es der Dichter Detlev von Liliencron poetisch aus, indem er sagte: Lange sechs Stunden zieht das Ungeheuer Ozean den Atem nach innen und treibt ihn sechs Stunden wieder von hinnen.

In Wirklichkeit hat das Ganze nichts mit Poesie zu tun – eher mit mathematischer Exaktheit: Und so sind es genau sechs Stunden und zwölfeinhalb Minuten, die das Wasser braucht, um zu verschwinden und wiederzukommen. Der sogenannte „Tidenhub", der Unterschied zwischen Hoch-

und Niedrigwasser, beträgt an unserer Küste rund drei Meter. An anderen Stellen der Erde erreicht er sogar zwischen zehn und zwanzig Meter, während er an einigen skandinavischen Fjorden nahezu ganz verschwindet.

Ebbe und Flut werden verursacht durch die Anziehungskraft von Mond und Sonne – erheblich stärker wirkt sich dabei die Anziehungskraft des Mondes aus. Bei Vollmond und Neumond kommt es zu sogenannten „Springtiden", die immer höher sind als normale Hochfluten. Zu diesem Zeitpunkt stehen Sonne, Erde und Mond in einer geraden Linie zueinander. Bei Halbmond dagegen stehen sie in einem Dreieck. Dann bleibt die Flut niedriger als normal, und man spricht von einer „Nipptide". Daß der Tidenhub überall verschieden ist, hängt mit der Fliehkraft der Erde zusammen und damit, daß die Anziehungskraft des Mondes an verschiedenen Stellen der Erde unterschiedlich wirksam ist.

Ein Blick in einen Tidenkalender genügt, um außerdem festzustellen, daß der Wechsel von Hoch- und Niedrigwasser im Laufe eines Tages jeweils um rund fünfzig Minuten später eintritt. Das wiederum hängt mit der Umdrehung des Mondes um die Erde zusammen. Die Wiege der Nordseewellen liegt im Pazifik. Von dort kommen sie über den Atlantik und fließen von Schottland her in die Nordsee ein. Der Wellenberg läuft dann an der englischen Küste entlang, macht am Kanal einen Bogen und geht schließlich an der holländischen und deutschen Nordseeküste vorbei, bis sie im Skagerrak ausläuft. Die Flut entwickelt in Küstennähe ganz immense Strömungsgeschwindigkeiten. Darum ist es auch so gefährlich, die Abflußrinnen im Watt, Priele genannt, durchwaten oder durchschwimmen zu wollen. Meistens kommt die Flut auch viel rascher, als es ein Nichteingeweihter für möglich hält.

Aber wir wollen uns wieder den Sturmfluten zuwenden,

die meistens dann entstehen, wenn eine Springtide und eine hohe Windgeschwindigkeit zusammentreffen. Wenn sich dann noch bei anhaltendem Sturm aus westlichen Richtungen ein Wasserstau aufgebaut hat, wird es gefährlich.

Aber auch schon ohne besonders große Windgeschwindigkeiten kann es zu sehr gefährlichen Situationen kommen. Der Ozean ist durch Ebbe und Flut in einer ständigen Bewegung. Wenn es nun bei Flut aus irgendwelchen metereologischen Gründen zu einem Druckabfall kommt, können auch ganz plötzliche Sturmfluten entstehen. Druckabfall führt nämlich zu erhöhten Windgeschwindigkeiten – und wenn sie, wie meistens, aus Westen kommen, bilden sie mit der auflaufenden Flut Gefahr für die Küste.

Hier bezeichnet man alle Fluten mit einer Höhe von mehr als drei Metern über dem Mitteltidehochwasser als „schwere Sturmflut". Das wurde seit 1962 viermal erreicht. Die höchste Flut war die Sturmflut vom 3. Januar 1976, die mit ihrem Stand nur etwa dreißig Zentimeter unter der sogenannten „Jahrhundertflut" blieb. Die „Jahrhundertflut" ist quasi eine fiktive Größe. Sie ist die Bezeichnung für eine theoretisch denkbare Fluthöhe, die nach der statistischen Wahrscheinlichkeit einmal in einem Jahrhundert auftritt. Aber es sind alles nur Mutmaßungen. Was wirklich geschehen kann, bleibt immer in Dunkel gehüllt.

Inzwischen weiß man jedoch, daß in etwa hundert Jahren der Nordseewasserspiegel um 30 Zentimeter steigt. Es wird mancherorts davon gesprochen, daß der Grund dafür das rascher schmelzende Polareis sei. Aber auch das ist nur eine Mutmaßung. Sicher weiß es niemand – und es ist sogar schon die Vermutung laut geworden, es sei nicht der Wasserspiegel, der sich hebe, sondern das Küstenland, das sich senke.

9. Kapitel

Technischer Triumph?

Der Kampf zwischen Mensch und Meer ist so alt wie die Menschheitsgeschichte überhaupt. Und ob der Mensch die letzte Runde gewinnen wird, ist ungewiß. Es gibt in unseren Tagen genügend verantwortungsbewußte Wissenschaftler, die sich ernsthaft mit der Frage beschäftigen, ob nicht Naturgewalten die Erde, so wie wir sie brauchen und mißbrauchen, irgendwann „zur Strecke bringen“.

Was können wir diesen Gewalten entgegensetzen? Nicht einmal die künstlich herbeigeführte Sprengkraft gespaltener oder verschmolzener Atomkerne ist bis heute imstande, solche Macht zu entwickeln wie die entfesselte Natur, die die Ozeane aus den Gleisen werfen kann.

Wie sollen wir uns schützen? Die Natur zu zerstören, haben wir ja inzwischen gelernt. Aber uns zu schützen? Ist es überhaupt möglich? Wir sollten nicht zu hochmütig werden. Wir müssen uns ja nicht gerade gleich in abergläubischer Furcht den dunkel-verworrenen Prophezeiungen des Nostradamus zuwenden, der für das Ende des 20. Jahrhunderts eine ungeheure Flutkatastrophe vorhersagte. Man könnte ihn als „direkten Nachfolger“ biblischer Prophezeiungen betrachten, und einer Apokalypse ist es auch ähnlich, was dieser Astrologe und Wissenschaftler für die Jahre vor der Jahrtausendwende voraussagt. Aber uns soll nur beschäftigen, was mit Flutkatastrophen der Nordsee zu tun hat. Und auch damit hat sich Nostradamus eingehend befaßt.

Dieser Mann, der sich so eingehend mit dem Untergang

der Erde beschäftigte, wurde am 14. Dezember 1503 in St. Remy in der südfranzösischen Provence geboren und starb am 2. Juli 1566. Er lebte also in einer äußerst kritischen Zeit, in der Zeit einer großen Wende. Das christliche Abendland war dabei, auseinanderzufallen. Die Jahrhunderte, in denen es eine Kirche und einen Glauben gegeben hatte, waren vorbei. Martin Luther war gekommen, die Kirche zu reformieren, und damit war der Augenblick der großen Spaltungen gekommen.

Und damit nahte unbedingt auch der Zeitpunkt, der den Gedanken an eine Apokalypse heftig heraufbeschwor. Nostradamus hat diesen Gedanken jedenfalls aufs intensivste verfolgt.

Wir könnten hier ein weiteres Mal einen Vergleich mit Goethes Faust-Figur heranziehen. Wir wissen, daß Goethe Nostradamus sehr gut bekannt war, und dürfen davon ausgehen, daß in die Gestalt des Faust auch Züge des französischen Sehers hineingeflossen sind. Im „Faust" ist ihm sogar ein Vers gewidmet, der heißt:

„Flieh! Auf! Hinaus ins weite Land!
Und dies geheimnisvolle Buch
von Nostradamus eigner Hand,
ist es dir nicht Geleit genug?"

Wie auch Faust so hatte Nostradamus versucht, hinter die allerletzten Geheimnisse des Lebens zu kommen. Schon in jüngeren Jahren hatte er so ziemlich alles studiert, was man zu jener Zeit an den Universitäten lernen und aus Büchern erfahren konnte. Schließlich hatte er sich entschlossen, Arzt zu werden, wurde als solcher berühmt und setzte sich bei einer Pest-Epidemie so beispielhaft ein, daß er in ganz Frankreich und über die Grenzen hinaus gefeiert wurde. Aber das war für diesen unruhigen Geist, dessen Wissenshunger nie gestillt war, lange nicht genug.

Nostradamus kam aus einer jüdischen Familie, aus deren Stamm immer wieder Propheten hervorgegangen waren. Die europäischen Juden, zu denen sein Vater, sein Groß- und sein Urgroßvater gehörten, beschäftigten sich gern mit Kabbalistik. Sie hatten – obwohl namhafte Mediziner und Juristen – die Kunst der Zauberei und Prophetie von den Arabern übernommen. Von seiten seiner Mutter übernahm Nostradamus eine hingebungsvolle Liebe zu den Sternen. Sein Großvater lehrte ihn, Horoskope zu erstellen.

Prophetische Gabe und kabbalistisches Wissen von der einen Seite und astronomische und astrologische Kenntnisse von der anderen – das war das Erbe, das den Lebensweg des Nostradamus bestimmte. Innerhalb seiner apokalyptisch anmutenden Prophezeiungen spielt auch das nördliche Europa eine Rolle. Danach soll der Norden Deutschlands in weiten Teilen von der Nordsee verschlungen werden. Michel Nostradamus hat König Heinrich II. eine genaue Berechnung darüber zukommen lassen, welches der Augenblick werde, an dem sich seine Voraussagungen erfüllen würden: Der Beginn des siebenten Jahrtausends seit der Erschaffung der Welt. Das wäre um das Jahr 2000 nach unserer Zeitrechnung; denn Nostradamus ging davon aus, daß die Welt 4000 Jahre vor Christi Geburt bestanden habe.

Nun – von hier an spätestens mag vielen derartige Prophetie mehr als fragwürdig erscheinen. Aber wir beschäftigen uns ja mit dem menschlichen Verhalten, mit Denken und Handeln des Menschen angesichts großer und verheerender Fluten. Und da gehört auch dies unbedingt dazu. In gewisser Weise unterstützt wird der Seher Nostradamus durch einen anderen „Propheten“. Er hieß Anton Johansson, lebte zwischen 1858 und 1929 am Nordkap und war ein Fischer. Schon in seinen Kindertagen hatte er Unglücksfälle vorausgesagt. Auch Katastrophen und Kriege sah er vorher. Im November 1907 hatte er eine Vision, die an Schrecklichkeit alles übertraf, was er bisher gesehen hatte. Seine ausführliche Schilderung ist bis heute überliefert. Sie beginnt mit den Worten: „Über allen Nordsee-Staaten lag Dämmerung. Kein Stern war zu sehen, und vom Meer her wehte ein starker Wind.“ Aus dem weiteren Verlauf seiner Schilderung geht hervor, daß eine gewaltige Sturzwelle das nördliche Europa vernichten werde. Wann das jedoch passieren soll, ließ er offen.

Wir müssen uns bei all diesen Dingen darüber im klaren sein, daß die Ahnung vom bösen Ende eine Urangst des Menschen darstellt. Deshalb sind auch apokalyptische Bilder zu allen Zeiten aufgetaucht. Sobald Menschen in Not geraten, glauben sie insgeheim, sie seien schuldig geworden, und beginnen, vor einem „Strafgericht“ zu zittern. Geht es ihnen aber gut, so empfinden sie vielfach auch dies als nicht gerechtfertigt und erwarten letztendlich auch dafür eine Strafe. Das ist ein Menschheitsproblem.

Wie diese Ängste aussehen, ist überall auf der Welt verschieden. Es richtet sich nach den Lebensumständen und den von der Natur gesetzten Gegebenheiten. An der Küste bereitet die größte kollektive Angst natürlicherweise die drohende Flutkatastrophe.

Epilog

Am Ende wollen wir uns fragen: Was wurde erreicht, um die Menschen sinnvoll gegen die Naturgewalten zu schützen? Von den verbesserten Deichen und der erhöhten Steindossierung wurde bereits gesprochen. Auf den Halligen ist ein umfangreiches Sicherheitsprogramm durchgeführt worden. Innerhalb dieses Programms sind als Schutzraum 65 Betonkabinen auf Betonpfählen entstanden, denen äußerlich nicht das Geringste von ihrer eigentlichen Bestimmung anzusehen ist. Sie werden sogar an ahnungslose Urlauber vermietet.

Auf den Inseln galt die geleistete Arbeit insbesondere dem Dünenschutz. Sylt bildet dabei ein besonderes Problem. An der westlichen Inselseite werden fast 40 Kilometer Küstensaum kontinuierlich durch das Meer attackiert. Nach geologischen Berechnungen wird jedes Jahr etwa ein Meter Inselbodenbreite weggerissen durch die Flut und kann nicht ersetzt werden. Mit Beton-Tetrapoden, die aussehen wie Riesensterne, hat man versucht, die Wellen zu brechen. Feste Deckwerke kann man insbesondere wegen der Sandwanderungen nicht vornehmen. Es würde die Strandverhältnisse zu negativ verändern. Deshalb ging man dazu über, mit Saugbaggern riesige Mengen von Sand vor die Küste zu spülen. Aber diese natürlichen Buhnen wurden zum Teil inzwischen auch wieder ein Opfer des Meeres.

Unentwegt wird weitergesonnen und weitergearbeitet. Die technisch wagemutigste und natürlich auch teuerste Sicherungsmaßnahme ist das Eidersperrwerk geworden. Durch diesen Bau gelangten 70 Kilometer Flußdeiche in die

„Etappe". Das entstandene Werk hat eine Art „Weltwunder-Charakter". Es ist mehr als fünf Kilometer lang. Aber es ist nicht das Ausmaß, das das Bewundern auslöst. Es ist der Bau an sich. Dazu wurden zunächst in der Eider zwei künstliche Inseln aufgespült, die man durch eine fast einen Kilometer lange Materialbrücke miteinander verband, damit der Schiffsverkehr weitergeführt werden konnte. Die Dithmarscher Seite wurde dann eingedeicht, und unter diesem Schutz gab man dem Bau fünf Durchflußöffnungen von je 40 Metern lichter Weite und eine 75 Meter lange Schleusenkammer. Es entstand außerdem noch ein sechs Kilometer langer Leitdamm, und vor zu beiden Enden der Schleuse wurden Häfen angelegt.

Es würde zu weit führen, an dieser Stelle noch mehr ins Detail zu gehen. Begnügen wir uns mit der Feststellung, daß das Bauwerk am 20. März 1973 eingeweiht wurde – und das nach beispiellos kurzer Bauzeit – und insgesamt 170 Millionen Mark kostete.

Wer das Sperrwerk sieht, kann nicht anders als staunen. Es ist in seiner Anlage grandios. Aber wenn man an seinen Mauern steht, wird auch deutlich, daß es eines ungeheuren ständigen Einsatzes bedarf, um das Meer „in Schach zu halten". Der Kampf des Menschen an der Küste wird nie beendet sein. Und solange dieser Gedanke wach bleibt, wird er auch nie ohne Mißtrauen sein gegen seine eigene Leistung in diesem ungleichen Kampf.

„Wer nicht will dieken, de mutt wieken." Dies alte Wort hat bis in unsere Tage seine Bedeutung, seine ernste Forderung nie verloren. Und wer es vielleicht im Angesicht des technischen Fortschritts nur noch mit billiger Pathetik vorbringt, der sei gewarnt: Die Natur unterliegt Gesetzen, die wir nicht kennen. Sie kann Gewalten entwickeln, die sich unseren Berechnungen entziehen. Davor gilt es, die eigene

Machtlosigkeit zu begreifen, und in unserem Fall das Ungleichgewicht zwischen Meer und Mensch anzuerkennen.

Hochmut wäre hier ganz fehl am Platz. Aber Angst sollte auch nicht in kleingläubiger Furcht vor Strafe, nicht in verworrenem Aberglauben Gestalt finden.

Um einen rechten Rat zu geben, sei abschließend noch einmal Johann Wolfgang v. Goethe zitiert:

„Feiger Gedanken
bängliches Schwanken,
weibisches Klagen,
ängstliches Zagen,
wendet kein Elend, macht dich nicht frei.
Allen Gewalten
zum Trotz sich erhalten,
niemals sich beugen,
kräftig sich zeigen
rufet die Arme der Götter herbei."

In diesem Sinn sollte auch das generationenalte Wort der Nordsee-Küstenbewohner Bedeutung und Anwendung finden:

Trutz blanke Hans!

Die Sturmflut vom 3. 1. 1976 im Bild

Eine Dokumentation aus der Zeitschrift „Dithmarschen“ 1/1976

Um 12.10 Uhr, über zwei Stunden vor Hochwasser, begann das Wasser im Christianskoog über den Deich zu spülen. Stundenlang glich der Deich einem rund sechs Kilometer breiten Wasserfall. Wen wird es angesichts dieser Bilder noch wundern, daß die gefährlichsten Schäden auf den Rückseiten der Deiche entstanden – wenigstens bei den alten, die seit der Sturmflut im Jahre 1962 noch nicht erhöht wurden.

Gefährlich wird es, wenn das über den Deich schäumende Wasser braun aussieht. Das kann nur von Löchern in der Außenböschung kommen. Fliegen aber erst Dreckklumpen der Deichkrone mit durch die Luft wie auf diesem eindrucksvollen Foto, ist der Deichbruch nicht mehr fern. Daß die Reste des Deiches hier an der Meldorfer Badestelle Christianskoog doch noch zusammenhielten, ist ein Wunder. Der Kopf der Treppe endete im Freien. Die Außenböschung war bis auf einen schmalen Grat fortgespült

Auch hinter den Deichen wütete der Sturm in Häusern, Bäumen und Schranken. Fast ein jährlicher Holzeinschlag ist umgelegt worden, nur leider sehr wahllos. Und an der Waldschlößchenstraße in Heide mußte ein Mann „winken“, weil die Schranke sich nicht mehr schließen ließ

Niemand kann es auf die Minute genau sagen, wann der Deich des Christianskoogs am Gehöft von Werner von Possel gebrochen ist. Zwischen 14.15 und 14.37 Uhr geschah es, zu einem Zeitpunkt, in dem die Flut ihren Höhepunkt erreicht oder überschritten hatte

„Der Christianskoog läuft langsam voll", heißt es zu 15.10 Uhr kurz und bündig im Zeitbuch des Katastrophenabwehrstabs beim Kreis Dithmarschen. Die Häuser im tief gelegenen Teil an der Nordsüdstraße (K 33) zwischen den beiden nördlich von Barsfleth in den Koog führenden Straßen (K 30 und 31) hatten am meisten zu leiden

Auch in Brunsbüttel stand Wasser in den Häusern auf (oben) und vor dem Deich am Alten Hafen (unten). Ar schwersten betroffen wurde dort die Bootswerft von Ebsen

Nr. 12
HEI·A 344

Tausende von Dächern gingen kaputt. Nur selten glücklicherweise so restlos wie eines in Friedrichskoog (oben links). Auch Wandschäden wie auf dem Foto oben aus Helserdeich blieben Ausnahmen. Bei „Aldra" in Meldorf flogen zwei „Ballon"-Lagerhallen davon. Der Baum auf dem Foto links unten fiel auf ein nagelneues Auto in Meldorf, und der VW-Transporter wurde im Dieksanderkoog von der Straße geweht. Rechts auf dem Bild ist ein häufiges Baumschicksal festgehalten: auf dem Stamm abgedreht

Was am Tage danach zu sehen war: Die Deichreste an der Meldorfer Badestelle im Christianskoog (rechts von außen, unten von innen), von den Wellen weggerollte Felsstücke am Speicherkoogdeich, die Schützenhalle am Neufelder Hafen, das von den Wellen verschaukelte Pfahllager vom Bauhof des „ALW" am Meldorfer Hafen, gestrandete Lorenlokomotive im Vorland, das gewesene Spülfeld vor dem Friedrichskooger Hafen

Das Pech des Fischers Burrmann am Meldorfer Außenhafen: Der durch ein Seil in der Schraube manövrierunfähig gewordene Kutter strandete im Vorland. Drei Tage dauerte es, ihn wieder herunterzuziehen

Durch Überspülung entstehende Deichschäden: Erst Auseinanderreißen, dann Abrutschen der Grasnarbe und Aus spülen des freigelegten Deichkörpers bis zum völligen Bruch. Fotos vom 4. 1. 1976 an und neben der Deichlücke in Christianskoog

Zahlreiche freiwillige Helfer verschiedener Organisationen, Bundeswehr und Männer vom Fach sicherten in Tag- und Nachteinsätzen die angeschlagenen Deiche mit den klassischen Hilfsmitteln der ersten Stunde: Faschinen (von Pfählen gehaltenes Reisigflechtwerk) und Sandsäcken. Unten links: Noch beim Sturm an der gefährdeten Stöpe von Neufeld

Für den Transport von Sandsäcken, Reisigbündeln, Pfählen und anderen Materialien waren die großen Bundeswehrfahrzeuge unentbehrlich

Am 4. 1. schiebt eine Raupe einen Kajedeich (kleinen Schutzwall) an der Deichaußenseite um die Bruchstelle im Christianskoog, um das Einlaufen der Flut zu verhindern

Im Schutz des Kajedeichs wird in massiertem Einsatz zunächst eine Faschinenpackung auf den Grund der Deichlücke gelegt

Quellennachweis

Die Halligen Nordfrieslands
Erich Wohlenberg
Verlag Boyens & Co., Heide 1985

Flutkatastrophe 1634
Hinrichs/Panten/Riecken
Karl Wachholtz Verlag, Neumünster

Rungholt
Jörn Hagemeister
Verlag Lühr und Dircks, St. Peter-Ording

Sagen und Legenden
Friedrich Blunck
Loewes Verlag, Bayreuth

Die Großen Sturmfluten seit 1962
Husum Druck- und Verlagsgesellschaft, Husum

Ergebnisse des Dezernats für Gewässerkunde

Zeitungsberichte der Dithmarscher Landeszeitung

Frühe Siedler an der Küste. Küstenarchäologie in Dithmarschen und Steinburg
Verlag Boyens & Co., Heide 1991

Untergang der Halligen
Ulli Harth
Verlag Heinrich Möller Söhne, Rendsburg 1990

Die Anfänge des Deichbaus in Schleswig-Holstein
Hans Joachim Kühn
Verlag Boyens & Co., Heide 1992

Dithmarschen. Zeitschrift für Landeskunde und Heimatpflege 1/1976
Verlag Boyens & Co., Heide 1976